Charlotte Bunsen

Alternatives Heilen in Hamburg

Adressen · Verfahren · Ausbildung

Christians

Erst das Wort
Dann die Pflanze
Zuletzt das Messer

Asklepios von Thessalien

Die Deutsche Bibliothek – CIP-Einheitsaufnahme

Bunsen, Charlotte:
Alternatives Heilen in Hamburg : Adressen – Verfahren –
Ausbildung / Charlotte Bunsen. – Hamburg : Christians, 1999
ISBN 3-7672-1328-1

Gestaltung: Carsten Best, Hamburg
Illustrationen: Kristin Labahn, Hamburg
Lithographie: Peter Beyer, Hamburg
Gesamtherstellung: Christians Druckerei, Hamburg

Printed in Germany

Inhalt

Einführung

Sie waren immer schon neugierig auf diese andere Medizin. Aber an den Besuch bei einem Heilpraktiker oder Arzt für ein sanfteres Verfahren haben Sie bisher nicht gedacht. Wozu auch? Eigentlich geht es Ihnen doch ganz gut – zumindest beruflich und privat! Und mit diesen immer wiederkehrenden Kopfschmerzen müssen Sie halt leben. Da ist nichts zu machen. Das hatte Ihre Mutter auch schon. Und die Geschichte mit den Blähungen? Die ist doch "hausgemacht", wie man so schön sagt. Die kommen von der Nervosität und diesem Heißhunger auf Süßes. Da müssen Sie schon selbst die Bremse ziehen. Aber irgendwie ist es ein Teufelskreis, weil die Nervosität sich auch auf den Schlaf schlägt, und Sie müssen doch tagsüber "funktionieren"!

Und nun haben Sie sich diesen Führer durch die alternative Medizin in Hamburg gekauft. Bevor Sie die verschiedenen Heilverfahren und Praxen studieren, lesen Sie bitte die folgenden Seiten: Sie finden dort wichtige Informationen rund um die Fragen, die Sie sich eben gestellt haben.

Nach einer "Emnid"-Umfrage finden alternative Verfahren bei über 89 Prozent der Bevölkerung Zuspruch. Nur 7 Prozent lehnen sie ganz und gar ab. Gleichzeitig mit diesem wachsenden Interesse ist ein Markt entstanden, der Patientinnen und Patienten mit einer Flut von Ratgeber–Literatur überschwemmt. Kritiker dieser Entwicklung sehen in diesen Tatsachen einen bloßen "Trend", eine Modeerscheinung der Zivilisation. Die Praxen der "Kurpfuscher", "Quacksalber" und "Laienmediziner" wären aus diesem Blickwinkel dann die Bühne, auf der die verschiedenen Akteure sich inszenieren können: nämlich Patientinnen und Patienten* ihr Leiden und die Heiler ihre Kunst. Doch das ist eine zu einseitige Sichtweise.

*Um den Lesefluß nicht zu hemmen, verwende ich im weiteren Verlauf nur noch die männliche Form. Natürlich sind Frauen genauso wie Männer angesprochen.

Alte Erfahrungen nutzen

Die alternativen Heilverfahren werden gern als "Außenseitermedizin" tituliert, dabei haben sie zum Teil eine lange Geschichte. Erst im Laufe der Jahrhunderte sind Methoden, die früher neben den jeweils herrschenden medizinischen Vorstellungen gleichberechtigte Heilverfahren waren, zu "Außenseitern" geworden. Der Begriff "Schulmedizin" wurde 1880 regelrecht zu einem Schlachtruf innerhalb der beiden "Lager", und je mehr die industrielle Revolution fortschritt, desto lauter wurde der Ruf nach einer naturgemäßen Lebensweise, nach einer sanfteren Medizin.

Heute verbindet sich mit dem schillernden Begriff "alternativ" zusätzlich ein Markt unkonventioneller Heilmethoden. Aber wir dürfen nicht vergessen, daß einige dieser "anderen" Verfahren eine sehr lange, durch Erfahrung gefestigte Tradition besitzen – wie zum Beispiel die klassischen Naturheilverfahren, die einen Pfeiler unserer mitteleuropäischen Medizin darstellen. Auch die alten Methoden anderer Kulturen haben inzwischen bei uns Eingang gefunden; am bekanntesten unter ihnen sind die Traditionelle Chinesische Medizin und die Ayurvedische Medizin.

Diese alten Verfahren sind nicht einfach nur "alternativ" – das würde ja beinhalten, daß es nur eine "wirkliche" Medizin gibt und alle anderen Richtungen lediglich "komplementäre" Medizinangebote seien – sie stellen jeweils ein in sich geschlossenes System dar, in das meist philosophische, kulturell gewachsene Konzepte mit einfließen.

Für Laien ist es schwer zu unterscheiden zwischen Heilmethoden, die durch lange Erfahrungen und Beobachtung einen ernstzunehmenden Platz in der Medizin einnehmen, und heilerischen Angeboten, die vor allem auf Vorstellungen und Annahmen beruhen. Solche Annahmen über die Wirkung einer Therapie entspringen oft einem verständlichen Wunschdenken, weit entfernt von "altem Wissen". Gerade in Bereichen, in denen das Wunschdenken dominiert, wird oft sehr suggestiv gearbeitet, und das hat dazu geführt, pauschal die auf unkonventionellen Wegen zustandegekommenen Heilungen als "glaubensbedingt" oder als "Placeboeffekt" abzutun.

Aber auch das "Suggestive" hat seinen Platz in der Geschichte der Medizin. Einen Menschen wieder Hoffnung schöpfen zu lassen, ihn zu motivieren, sein Leben zu verändern, ihm ein Gegenüber zu sein, das ihm hilft, der Zukunft wieder einen Platz in seinem Leben einzuräumen, ist nicht nur Aufgabe der Psychotherapien, sondern ist "heilerische Tätigkeit" genauso wie die Verabreichung eines wirksamen Medikaments. Einige der alternativen Methoden haben außerdem eine Tradition in der Volksmedizin, die wir erst langsam wiederentdecken. Sie bestünden vielleicht auch heute in dieser Form nicht mehr, wären sie nicht über die Zeit von einer mächtigen Laienbewegung – insbesondere der Heilpraktikerschaft – getragen und im Bewußtsein erhalten worden, bevor auch die naturwissenschaftlich orientierte Medizin sich ihnen zuwandte. Auch unter den neueren Verfahren gibt es solche Beispiele: die Chiropraktik und die Osteopathie, um nur zwei zu nennen, wurden noch vor einigen Jahren in weiten Kreisen der Schulmedizin belächelt. Heute sind sie zum integralen Bestandteil des Angebots vieler orthopädischer Praxen geworden.

Welches Verfahren ist geeignet?

Welches Verfahren ein Arzt oder Heilpraktiker anbietet, hängt sehr von dessen eigener Vorstellung ab, wie eine Krankheit entsteht, das heißt vom persönlichen Krankheitskonzept. Wer das Krankwerden vor allem als Folge "falscher" Lebens- und Ernährungsgewohnheiten interpretiert, dessen heilerisches Angebot wird vermutlich vor allem aus Ernährungsumstellung, sogenannter "Entgiftung" und der Bekämpfung eventueller Mangelerscheinungen oder "Vergiftungen" bestehen. Ein gutes Beispiel für diese Krankheitssicht ist die "Orthomolekulare Medizin".

Wer in der Krankheit die Folge oder den körperlichen Ausdruck seelischer Überforderung sieht, wird versuchen, vor allem durch stützende und klärende Gespräche Einfluß auf das Seelenleben des Patienten zu nehmen, um eine innere Balance wiederherzustellen.

In der antiken Medizin sah man im Kranksein ein "Ungleichgewicht der Säfte". Dementsprechend wurden diese "Säfte" therapiert: durch Blutveränderung, Eigenblut- und Eigenharntherapien, Aderlässe, Diät, Trink-, Brech- und Abführkuren, Entsäuerung und "ausleitende" Verfahren unterschiedlichster Art. Diese humoraltherapeutischen Ansätze, so der Name dieser Therapie, haben sich lange, bis ins 20. Jahrhundert hinein erhalten und sind teilweise immer noch Bestandteil vieler naturheilkundlicher Therapien.

Wer also auf der Suche nach der geeigneten Therapie ist – ob nun als alleinige Maßnahme, als begleitende Therapie zu seiner schulmedizinischen Behandlung oder als Vorbeugung – , sollte sich auch darüber im Klaren sein, daß die Aspekte des "Krankheitskonzeptes" wichtig sind bei der Wahl des Verfahrens. Sie sollen in diesem Buch, soweit sie bekannt sind, zur Sprache kommen und Ihnen die Auswahl erleichtern.

Bei der Vorstellung der verschiedenen Heilverfahren wird deutlich, wie weit der Bogen alternativen, nicht immer sanften Heilens gespannt ist:

von wissenschaftlich noch nachvollziehbaren Methoden bis hin zu Heilweisen, denen magische oder religiöse Konzepte zugrunde liegen, manchmal auch persönliche Lebensphilosophien ihrer Begründer.

In diesem Buch geht es um das "Heilen" und "Gesundwerden", nicht in erster Linie um eine Bewertung nach schulmedizinischen Kriterien, obwohl diese kritische Sicht bei allen Verfahren auch angesprochen wird. Gesundwerden hat auch eine seelische und eine soziale Dimension, die in der klassischen naturwissenschaftlichen Medizin ausdrücklich nicht zum therapeutischen Konzept gehört, wenn sie auch in die häufige Gleichsetzung von "Gesundheit" und "Arbeitsfähigkeit" mit einfließt. Nur die psychosomatische Medizin versucht, den Zusammenhang zwischen emotionalem Leben und Krankheitsentstehung zu berücksichtigen, indem sie bestimmte körperliche Erkrankungen zusätzlich psychotherapeutisch behandelt.

"Natur heilt – der Arzt hilft ihr", sagt ein altes Sprichwort. Viele Krankheiten heilen von selbst, und in den meisten Fällen sind es die Selbstheilungskräfte, die den Menschen wieder gesund werden lassen. Diese anzustoßen oder zu stärken ist das Ziel aller natürlichen Heilverfahren.

Integration, Glaube und Erkenntnis sind zusätzliche Aspekte, die der Aktivierung der Selbstheilungskräfte, aber auch der Motivation zur Veränderung dienen können. So gibt es wohl kaum eine Kultur, in der neben der offiziellen Medizin nicht auch ein mehr oder weniger traditionelles Angebot "anderer" heilerischer Einflußnahme steht. Diese "andere" Art des Heilens benutzt in der Regel keine synthetischen Arzneimittel, sondern versucht, die eigenen Kräfte des Patienten auf natürlicheren Wegen aus der Reserve zu locken. Der Prozeß der Umstellung erfordert eine ganz bestimmte Haltung des Patienten: er muß geduldig sein, er muß mit einer gewissen Disziplin die ihm aufgetragenen Maßnahmen durchführen, vielleicht auch auf das eine oder andere verzichten – es geht dabei um ein Training eigener Kräfte.

Gerade im so gut durchorganisierten, aufgeklärten, technik- und wissenschaftsgläubigen Europa des anbrechenden 21. Jahrhunderts besteht ein großer Bedarf an Alternativen. Das hat eine Vielfalt hervorgerufen, bei deren Auswahl dieser kleine Führer Sie begleiten soll. "Heiler", also Ärzte und Heilpraktiker, dürfen keine "Heilungsversprechen" machen. Immer ist es auch eine Frage der Selbstverantwortung des Patienten, mit welchen Erwartungen Heilpraktiker oder naturheilkundlich arbeitende Ärzte aufgesucht werden.

Bei nahezu all diesen Methoden geht es um die Aktivierung der eigenen Kräfte – und daran sind Sie als Patient immer mit beteiligt. Es handelt sich nicht um "Wundermethoden", die bei allen Leiden hilfreich sind, und schon gar nicht um Pillen, Tropfen oder Tees, die man nur nehmen muß, und alles ist wieder im Lot. Dieses Buch stellt Ihnen auch nicht die Praxen von "Wunderheilern" vor. Es will Ihnen eine Orientierungshilfe sein, welcher Methode Sie sich am besten anvertrauen können. Nur aufgeklärte Patienten können mit einer solchen Entscheidung auch eigenverantwortlich am Prozeß des Gesundens mitwirken. Auch eine vertrauensvolle Beziehung zwischen Patient und Therapeut ist für eine erfolgreiche Behandlung Voraussetzung – und das Wissen darum, daß Heilung auch mit persönlicher Entwicklung zusammenhängen kann, die Zeit braucht! Alternative Methoden sind wirkungsvoll – und nicht automatisch "ungefährlich" oder nebenwirkungsfrei. Eigenes "Herumprobieren" oder die gleichzeitige Anwendung mehrerer Methoden ist selten effektiv, es kann sogar zu handfesten gesundheitlichen Problemen führen. Pflanzen, auch "harmlose", können in bestimmten Dosierungen oder bei Dauergebrauch Giftwirkungen entfalten oder Allergien auslösen. Selbst Vitamine, Mineralien und Spurenelemente können bei einem Überangebot eher schaden als nützen. Und eine nicht korrekt gesetzte Akupunkturnadel kann zu gravierenden Verletzungen führen. Mit anderen Worten: "Sanft" ist die alternative Medizin nur in fachkundigen Händen, also beim Arzt oder Heilpraktiker.

Arzt oder Heilpraktiker?

Ob Sie einen Arzt oder Heilpraktiker mit dem Wunsch nach einer alternativen Heilmethode aufsuchen, hängt von den Möglichkeiten der jeweiligen Praxis ab, aber auch davon, ob Sie das Verfahren aus eigener Tasche zahlen können oder wollen. Viele naturheilkundliche Methoden werden immer noch nicht von den gesetzlichen Krankenkassen bezahlt. In jedem Fall sollten Sie sich vor einer Behandlung erkundigen, was an Kosten auf Sie zukommt und was erstattet wird. Für die hier im Buch vorgestellten Praxen haben wir diesem Informationsbedürfnis Rechnung getragen. In einem eigenen Abschnitt über die Bezahlung von Heilpraktikern durch die privaten Krankenkassen finden Sie noch einige allgemeine Informationen. Spezielle Auskünfte kann man den Versicherungsbedingungen der jeweiligen Krankenversicherung entnehmen oder direkt erfragen.

Daß in diesem Buch nur Heilpraktiker-Praxen vorgestellt werden, hängt mit werberechtlichen Bestimmungen zusammen. Ärzte dürfen sich in dieser Form nicht vorstellen. Heilpraktiker können dies in begrenztem Umfang tun, wenn sie dabei nicht in unlauteren Wettbewerb treten. Wir haben dies durch das Teilnahmeangebot an alle in Hamburg niedergelassenen Heilpraktiker, die sich im Branchenbuch haben eintragen lassen und so ihre Anschrift allgemein zugänglich gemacht haben, vermieden. Die Auswahl der Praxen erfolgt also nicht nach dem Kriterium des "Bekanntheitsgrades". Wenn Sie über die Zusammenstellung hinaus Adressen von Praxen in Ihrer Nähe brauchen, dann finden Sie weitere Adressen im Hamburger Branchenbuch. Der Vorteil dieses Führers besteht darin, daß die Praxen unter dem von ihnen schwerpunktmäßig angebotenen Verfahren aufgeführt sind. Leider gibt es nicht zu jedem Verfahren eine Praxisempfehlung. Da aber viele Heilpraktiker mehrere Verfahren anbieten, sind diese jeweils mit einer Abkürzung, die Sie im Stichwortverzeichnis am Ende des Buches finden, aufgelistet.

Alles nur Glaubenssache?

Auch wenn das Gesundwerden nach einer Therapie beim Heilpraktiker gern als "Spontanheilung" oder gar als "glaubensbedingt" abgetan wird, kann man die Genesung, Heilung oder Besserung doch nicht leugnen. Und letztlich ist es das, was zählt. "Wer heilt, hat recht!" Es spielt keine Rolle für den Patienten, der sich erholt hat, wieder leben kann und mag, der weniger Schmerzen hat oder sie als erträglich empfindet, dessen chronische Krankheit ohne allzu starke Medikamente einen milderen Verlauf nimmt.

Und ohnehin wird niemand leugnen, daß Glaube, Beeinflußbarkeit und Selbstheilungstendenz bei Menschen, die operiert wurden oder starke Medikamente bekommen, eine wichtige Rolle spielen.

Auch der oft geäußerte Vorwurf des "Placeboeffektes" enthält immer ein Stück Wahrheit. Der Placeboanteil bei Linderung oder Heilung wird offiziell zwischen 20 Prozent und 70 Prozent beziffert. Das gilt für gängige medikamentöse, ja sogar operative Therapien ebenso wie für die "sanften" Verfahren. Entscheidende Faktoren für den Placeboanteil der Wirkung sind:

- die Haltung, mit der der Patient seinem Behandler begegnet, also Vertrauen und auch Glaube, wobei der Bekanntheitsgrad der "Koryphäe" eine große Rolle spielt
- Arznei als solche, besonders wenn die Einnahmevorschriften kompliziert oder streng sind
- das ungewohnt intensive Gespräch
- die gründliche Untersuchung, gerade wenn sie auf schwer durchschaubare unbekannte Art durchgeführt wird oder wenn komplizierte Apparate "Meßwerte" liefern

- der Glaube des Behandlers an seine Therapie
- im Zeitalter des "New Age" mit seinen Schlagworten "Ganzheit" und "Spiritualität" auch Heilverfahren mit religiösem, meist aus fremden Kulturen stammendem Hintergrund
- Auch Verbote haben Suggestivwirkung

Was steht noch in diesem Buch?

Sie erfahren etwas über die Aus- und Fortbildungsmöglichkeiten für Heilpraktiker und -Anwärter, aber auch über Institutionen außerhalb des etablierten Medizinbetriebs und Apotheken, die ständig ein großes Spektrum spezieller naturheilkundlicher Medizin bereithalten.

Außerdem finden Sie einen Katalog von Merkmalen und Warnzeichen, auf die Sie unbedingt achten sollten, wenn Sie eine "alternative" Therapie beginnen. Gerade Therapeuten, die Sie aus eigener Tasche bezahlen müssen, und das sind nicht nur Heilpraktiker, sondern auch Ärzte, die ein noch nicht anerkanntes Verfahren anbieten, sollten nicht nur seriös auf Sie "wirken", sondern ganz bestimmte Kriterien erfüllen.

10 Punkte, die für seriöses Verhalten sprechen

1. Der Praktiker ist bereit, über seine berufliche Qualifikation Auskunft zu geben und führt eine Berufsbezeichnung.
2. Es gibt feste Zeiten, zu denen die Praxis geöffnet oder erreichbar ist.
3. Der Praktiker fragt nach Voruntersuchungen und nach Diagnosen, die eventuell schon gestellt sind.
4. Wichtige persönliche Fragen nach den Beschwerden, Lebensumständen, Arbeits- und Familienverhältnissen werden nicht durch Apparate, Fragebögen oder Messungen ersetzt. Eventuelle Fragebögen und Messungen folgen dem persönlichen Gespräch.
5. Wenn noch keine Diagnose gestellt oder Befunde erhoben wurden, sollte eine entsprechende Untersuchung erfolgen (oder angeraten werden).
6. Der Praktiker fragt nach vorausgegangenen Behandlungen und der jetzigen Behandlung der Beschwerden.
7. Der Praktiker klärt Sie über seine Behandlungsmethode und seine Arbeitsweise auf.

8. Der Praktiker bespricht auch andere Möglichkeiten der Behandlung mit Ihnen, insbesondere, wenn er sein Verfahren für nicht geeignet hält. Das Erkennen der eigenen Grenzen ist eines der wichtigsten Kriterien für Seriosität! Es kann auch ein Zeichen der Seriosität sein, wenn er Ihnen einen Zeitraum angibt, in dem es unter seiner Therapie zu einer deutlichen Veränderung Ihrer Beschwerden gekommen sein sollte
9. Der Praktiker berät Sie, wie Sie mit Ihrer bisher eingenommenen Arznei umgehen sollen. Seriöse Heilpraktiker setzen verschreibungspflichtige Medikamente nicht einfach ab, sondern regen ein Gespräch des Patienten mit dem behandelnden Arzt an.
10. Er spricht die Finanzierung seiner Behandlung und auch die Preise, die durch seine Arzneien auf Sie zukommen, an. Außerdem teilt er Ihnen mit, welche Erfahrungen er mit Ihrer Versicherung hat.

Natürlich könnte man diese Liste noch erweitern. Viele Patienten haben Angst, Ihrem Arzt vom Besuch bei einem Heilpraktiker und umgekehrt ihrem Heilpraktiker von der weiteren Einnahme der schulmedizinischen Medikamente zu berichten. Wer seinen Patienten Vorhaltungen macht, daß sie beide "Lager" konsultieren, sollte sich fragen, wie es um sein persönliches und berufliches Selbstvertrauen und seinen Respekt vor dem Patienten bestellt ist. Das gilt für den Arzt genauso wie für den Heilpraktiker. Leidenden und Ratsuchenden ist mit Vorwürfen oder gar Beleidigtsein nicht gedient.

10 Punkte, an denen Sie unseriöses Verhalten erkennen

1. Das Erstgespräch ist kurz und endet mit einer Empfehlung zu einer Serienbehandlung von 6-12 Sitzungen.
2. Die Behandlung soll sofort beginnen, weil "gerade" einige Termine frei geworden sind, obwohl es sich nicht um ein hochakutes Geschehen handelt und Sie noch gar nicht entschlossen sind.
3. die schnelle Mitteilung, daß Sie sehr vergiftet, belastet oder übersäuert seien und Gefahr in Verzug sei.
4. Messungen an Ihnen, Berührungen, Untersuchungen, ohne daß Sie aufgeklärt wurden, welchem Zweck diese dienen.
5. eine vorwurfsvolle oder ablehnende Haltung, wenn Sie vor Aufnahme der Therapie vielleicht noch Bedenkzeit brauchen oder einen weiteren Rat einholen wollen (eine solche Haltung löst oft in Ihnen als Patient ein Gefühl aus, nicht mehr "zurück" zu können, nicht "Nein" sagen zu dürfen).
6. die Behauptung, die eigene Methode sei für jedes Leiden geeignet und dabei vollkommen risikolos.
7. die Aufforderung, alle bisherigen, auch die vom Arzt verschriebenen Medikamente abzusetzen, weil sonst die neue Behandlung nicht wirken könne.
8. abfällige Bemerkungen über die Schulmedizin oder vorher bereits aufgesuchte Heilpraktiker und deren Heilmethoden.
9. Ihr Informationsbedürfnis über die Therapie und das Behandlungskonzept wird Ihnen als "mangelndes Vertrauen" ausgelegt.
10. unklare Situationen bei der Bezahlung, wie nur ungern ausgestellte Quittungen bei Barzahlung oder Vorauszahlungen für angesetzte Serienbehandlungen.

Auch diese Liste ließe sich erweitern. Sicher ist es am wichtigsten, daß Sie Vertrauen fassen können und das Gefühl haben, Fragen stellen zu dürfen. Oft neigt der Patient in seinem leidenden Zustand dazu, alles dem "mächtigen" Heiler zu überlassen, sich vollkommen passiv zu unterwerfen, auch wenn er ein ungutes Gefühl hat.

10 Fragen, die Sie stellen sollten, wenn Sie unsicher sind

1. Hat der von Ihnen gewählte Heiler schon Erfahrungen mit anderen Patienten, die ähnliche Beschwerden hatten?
2. Gibt es Risiken, Nebenwirkungen, Verschlimmerungen bei dieser Therapie, über die ich Bescheid wissen sollte?
3. Kann ich diese Therapie zusätzlich zu meinen bisherigen Maßnahmen und Medikamenten durchführen?
4. Sollte es zu einer Verschlechterung meines Zustandes kommen – was bedeutet das? Was ist dann zu tun?
5. Besteht Schweigepflicht ? Wenn nicht, können wir sie schriftlich vereinbaren?
6. Was wird von der Versicherung bezahlt? Was muß ich bezahlen? Was ist insgesamt etwa an Kosten zu erwarten?
7. Wie lange wird die Behandlung voraussichtlich dauern?
8. Von welcher Behandlungsdauer an kann ich eine Veränderung erwarten bzw. mit einer Wirkung rechnen?
9. Nach welcher Gebührenordnung wird die Arbeit berechnet?
10. Gibt es etwas Schriftliches über die Therapie?

Manche Therapeuten sind nicht besonders gesprächig. Sie messen, schauen einem vielleicht in die Augen, stellen wenig Fragen und geben sich als schweigsame Wissende. Viele Patienten sind geneigt, diese Haltung als Weisheit und Souveränität zu deuten. Wieder andere sprechen von Ihrer allumfassenden Menschenliebe und machen sich dadurch unangreifbar. Aber ganz besonders, wenn sich diese Therapie oder Diagnostik als "fremdartig", "uralt" oder gar "göttlich" ausgibt, sollte man einen Moment innehalten.

Alternative Heilverfahren von A – Z und Naturheilpraxen in Hamburg

Bei der Suche nach einer Therapie oder einem Heilpraktiker können Sie nach diesem Fahrplan vorgehen:

1. Sie schauen vorn in das Inhaltsverzeichnis, um eine Therapieform nachzuschlagen und die Heilpraktiker zu finden, die diese Therapie schwerpunktmäßig anbieten.
2. Sie finden im Inhaltsverzeichnis eine Therapie, die Sie interessiert, aber keine Praxis, die diese anbietet. Dann sehen Sie im Stichwortverzeichnis hinten im Buch unter dieser Therapieform nach. Dort stehen die Praxen, die diese Methode anbieten.
3. Sie interessieren sich für eine Methode, die nicht im Inhaltsverzeichnis steht. Schauen Sie ins Stichwortregister hinten. wenn es in diesem Buch eine Praxis mit diesem Angebot gibt, dann finden sie diese unter der dort angegebenen Seite.
4. Ihnen ist ein Heilpraktiker empfohlen worden, der auch in diesem Buch vertreten ist, dessen Therapieform Sie aber gar nicht kennen. Schlagen Sie bitte am Ende des Buches das Namensverzeichnis auf. Unter der dort angegebenen Seitenzahl finden Sie den gesuchten Heilpraktiker und seine Methoden.

In der unterschiedlichen Ausführlichkeit der Darstellungen liegt keine Bewertung, wenn auch hier und da persönliche Haltungen mit einfließen. Über viele Therapien existiert gesichertes Wissen oder lange Erfahrung, andere Methoden folgen Konzepten mit weltanschaulichem Charakter oder gewagten Hypothesen, auf die hier nicht vertiefend eingegangen werden kann.

Viele Therapien, die nun in alphabetischer Reihenfolge beschrieben werden, gehören zu den Naturheilverfahren, einige jedoch nicht. Um diesen Begriff gleich zu Beginn zu klären, finden Sie an erster Stelle eine Einführung in das Thema "Naturheilverfahren".

Was sind "Naturheilverfahren"?

Das Konzept

Die meisten Menschen denken bei dem Begriff "Naturheilverfahren" zunächst an ein Sammelsurium alternativer Methoden. Naturheilverfahren sind zunächst einmal Maßnahmen, die den Möglichkeiten der Natur entstammen und dazu geeignet sind, im Menschen eine Reaktion hervorzurufen. Das Wesen der Naturheilverfahren besteht darin, daß sie sich an unsere körpereigenen Heil- und Ordnungskräfte wenden und sie aktivieren.

Die Naturheilkunde ist alt. Sie ist aus langen Beobachtungen heraus entwickelt worden und erlebt erst in unserer Zeit eine Renaissance im medizinischen System. Das hängt damit zusammen, daß sich viele dieser Erfahrungen erst heute begründen lassen und wegen ihrer rationalen Erklärbarkeit Eingang in die schulmedizinische Denkweise gefunden haben. Die alten Ärzte im antiken Griechenland hatten immer wieder eine Beobachtung gemacht: der Mensch reagiert auf bestimmte Reize in einer meist berechenbaren Weise, und die Intensität der Reaktion entscheidet darüber, ob der Reiz abgewehrt werden kann oder ob es zu einer Störung kommt. Diese Erscheinung machte man sich zunutze. Der Therapeut entwickelte Maßnahmen, die durch das Setzen von Reizen versuchten, den Körper aus seiner passiven Reaktionslage herauszulocken. Dahinter stand die Absicht, ihn zu angemessenen Reizantworten zu bewegen, die als "Heilreize" wirken konnten. Diese "Reiz-Reaktionstherapie" ist also ganz der Natur abgelauscht und bedient sich dabei fast ausschließlich natürlicher Mittel. Zu den wichtigsten Reizen gehören:

- Wärme
- Kälte
- Druck
- Pflanzen
- Mineralien
- Künstliche Verletzungen
- Hautreizungen

Der Umgang mit den eigenen körperlichen Potentialen, nämlich angemessen auf Reize zu antworten und sich auf diese Weise zu schützen, wurde durch gezieltere und effektivere Reize immer mehr ausgebaut; zum Beispiel durch die Wasseranwendungen des Laien Prießnitz oder des Pfarrers Kneipp, später dann durch die Ausleitungsverfahren von Aschner. So fügten sich folgende Verfahren langsam zu einem komplexen Heilsystem für die Krankheitsprophylaxe und vorsichtige Stärkung eines geschwächten Organismus zusammen:

- Wassertherapie (Hydrotherapie)
- Diätetik (Ernährungsmaßnahmen)
- Kräutermedizin (Phytotherapie)
- Training (Bewegung)
- Reiztherapie (z.B. Reflextherapie, Massagen)
- Reinigungs- und Sanierungsmaßnahmen (Fasten, Ausleitung, Mikrobiologische Therapie)
- Ordnungstherapie (Verhaltensänderung die Lebensweise betreffend)

Was bewirken diese Reize?

- Wärme stellt unsere Blutgefäße weit. Dadurch werden die entsprechenden Gebiete besser durchblutet.
- Kälte verengt die Blutgefäße. Der entsprechende Bereich wird weniger durchblutet und kühlt ab.
- Wechsel von Kälte- und Wärmereizen stimuliert unser Gefäßsystem. Es wird elastischer und reagiert in Zukunft angemessener auf Kälte und Wärme.
- Wasser ist auch ein Mittler von Temperaturreizen – Feuchtigkeit ist ein guter Wärme- und Kälteleiter und hat eine größere Tiefenwirkung als trockene Reize.

• Licht spielt auch eine große Rolle. Sonnenlicht ist ein Seelenheilmittel, weil Licht und Farbe uns unmittelbar in unserem Gefühlsleben ansprechen und die Wärme der Sonne wohltuend ist. Das UV- Licht der Sonne führt zu Reaktionen der Haut, die für den Stoffwechsel wichtig sind. Allerdings ist eine Ganzkörper-Sonnenbestrahlung von mehr als 15 Minuten ausreichend. Zu lange Sonnenbestrahlung ist nicht nur problematisch für die Haut, sondern auch für die körpereigene Abwehr. Kurze Bestrahlung regt diese an, längere Bestrahlung blockiert sie. Das ist auch der Grund dafür, daß Aids-, Krebs- und Tuberkulosepatienten sich nicht oder nur sehr kurze Zeit der direkten Sonne aussetzen dürfen. Sie brauchen diesen Teil des Immunsystems dringend gegen das Fortschreiten der Erkrankung.

• Hautverletzende Verfahren wirken auf unterschiedliche Art. Das therapeutische Prinzip ist aus der Erfahrung entstanden, daß Schmerz in einer Hautregion auf bestimmte Schaltkreise unseres Nervensystems wirken und dadurch chronische Schmerzen im Körper "überdecken" kann. Dadurch wird dann ein Schmerzkreislauf unterbrochen. Durch hautverletzende Maßnahmen wird außerdem das vegetative Nervenzentrum stimuliert.

- Klimatherapie ist wirksam durch einen "Mangel". In der Höhenluft befindet sich weniger Sauerstoff und Feuchtigkeit. Das führt zur Anregung der Bildung roter Blutkörperchen und zur besseren Sauerstoffversorgung der Gewebe. Die Idee dahinter ist, daß unser Organismus sich bei langsam gesteigerten Reizen immer mehr anpaßt und allmählich ein Abhärtungs– oder Trainingseffekt entsteht.

Ein wesentlicher Bestandteil der Naturheilverfahren ist die "Ordnungstherapie". Damit ist vor allem die Lebensführung gemeint. Sie besteht nicht aus Vorschriften wie "gesundes Essen", "viel Sport" oder "kalte Güsse", sondern betont die Bedeutung des Rhythmus im Leben. In all unseren körperlichen Funktionen werden Rhythmen erkennbar. Mehr und mehr entdeckt auch die moderne Medizin, daß es kein Organ oder Organsystem gibt, das nicht in bestimmte Zyklen oder Rhythmen eingebunden ist und seine Maximal- oder Minimalzeiten hat. Die Erfahrung, daß das Einhalten von Schlaf-Wach-, Ruhe-Arbeits- und Essensrhythmen eine stabilisierende Wirkung besitzt, hat dazu geführt, daß man diese Ordnung des Lebens in die naturheilkundliche Therapie einbezogen hat. Das Einhalten eines Rhythmus schafft Freiräume und macht es möglich, daß man aus der Aktivität nicht in die Erschöpfung, sondern in eine Phase der Ruhe gehen kann. Rhythmus ermöglicht Rückzug und damit auch die Bearbeitung von Problemen und das Sammeln von Kräften. Es geht hier also um viel mehr, als um eine rein äußerliche, körperliche Ordnungstherapie – es geht auch um ein inneres Gleichgewicht als Voraussetzung für eine stabile Ausgangslage.

Die Ärzte des alten Griechenland haben den Begriff "Diaita" verwendet für das Ideal einer gesunden Lebensführung und verstanden darunter die "vernünftige Lebensweise". Der berühmte Arzt Hippokrates hat sechs Forderungen für diese Lebensweise zusammengefaßt:
- Licht
- Luft
- Gesunde Ernährung (auch im Hinblick auf Menge, Zusammensetzung und Rhythmus)
- Bewegung und Ruhe
- Harmonischer Wechsel zwischen Schlafen und Wachen, Arbeit und Entspannung
- Ungestörte Ausscheidungen
- Seelischer Gleichmut

Diese Therapie klingt einfach und ist schwer umzusetzen. In einer Zeit der angespannten Arbeitsphasen, die allenfalls durch Urlaube unterbrochen werden, der Interkontinentalflüge, der Lust an Grenzerfahrungen und urbaner Arrhythmie ist es nicht leicht, Motivation für diese Therapie aufzubringen. Der Naturheilkunde haftet immer noch der Beigeschmack des "Selbstgestrickten", "Rohköstlerischen", der "Lebensreform"-Bewegung an. Die Beschäftigung mit möglichst naturnahem Leben, der aufwendigen Zubereitung von Rohkost- und Körnergerichten, mit Lehm- und Schlammanwendungen oder Wassertreten, "Bircher-Benner" und gutem Kauen ist "out". All das ist Vergangenheit. Die Naturheilverfahren sind mit der Zeit gewachsen und haben neue Möglichkeiten integriert. Die Prinzipien sind gleich geblieben, aber die Methodik ist um einiges bereichert und "modernisiert" worden. Heilpraktiker und Ärzte, die mit dieser Methode vertraut sind, die ihre Patienten zur Mitarbeit motivieren können, erreichen viel mit dieser "neuen" alten Heilkunst.

Rousseaus Satz "Zurück zur Natur", der Leitsatz der Naturheilverfahren, klingt für einen Großstadtmenschen im Berufsstreß fast wie eine Verhöhnung. Wenn man aber an die Idee der "Ordnungstherapie" denkt, läßt sich davon trotzdem vieles umsetzen. Sich den Naturheilverfahren anzuvertrauen, ist ein lohnender Versuch, den krankmachenden Einflüssen unserer Arbeitswelt und unserer Umwelt nicht zu erliegen. Wie alle alten Verfahren bergen sie in sich nicht so sehr das Potential, schwere Entgleisungen zu kurieren, sondern vor allem ein Ziel: gesund zu bleiben!

Naturheilverfahren ganzheitlich zu praktizieren ist eine hohe Kunst. Der Therapeut muß seine Maßnahmen, d.h. die Reize, die er setzt, aber auch die Herausforderungen an die reaktionsfähigen Kräfte seines Patienten fein abzustimmen wissen. Er muß in der Lage sein einzuschätzen, was er seinem Patienten an Mitarbeit abverlangen kann. Das bloße Verordnen von "aus der Natur gewonnenen" Fertigarzneien ist kein Naturheilverfahren.

Kritische Bewertung und Grenzen

Ein großes Gebiet der Naturheilverfahren besteht aus Reiztherapien. Sie sind nicht geeignet für Menschen, deren Reaktionsfähigkeit nicht mehr intakt ist. Wenn Organe und Gewebe schon zerstört sind, dann ist eine Reiztherapie im Rahmen der Naturheilverfahren als Heilmethode nicht mehr geeignet; sie würde den Organismus nur belasten. Auch für Notfälle sind Reiztherapien nicht zulässig. Anstehende Operationen können durch Naturheilverfahren nicht verhindert werden. Stoffe, die dem Organismus fehlen, weil er sie nicht mehr selbst produzieren kann, können ebenfalls nicht anders als durch Zufuhr ersetzt werden. Sie sind jetzt aufgeklärt und wissen, daß Naturheilverfahren mehr bedeutet als das Verordnen einer Fertigarznei mit Wirkstoffen "aus" der Natur. Genaugenommen sind solche Mittel noch nicht einmal naturheilkundliche Arzneien (siehe auch "Phytotherapie"). "Aus" der Natur entstammt im Grunde genommen alles von Menschen Gemachte. Eine große naturheilkundliche Pharmafirma wirbt mit dem Slogan "Wirkstoffe aus der Natur" für ihre Produkte.

Möglichkeiten

Die Naturheilverfahren mit ihrer Ordnungs- und Reiztherapie eignen sich hervorragend zur Vorbeugung. Sie können bei chronisch Kranken und Schmerzpatienten die Fähigkeit des Körpers, sich zu schützen und auf Reize angemessen zu antworten steigern, und sie sind eine der wichtigsten Maßnahmen im Bereich der Rehabilitation. Die Ordnungstherapie mit ihrer Aufforderung, Einstellungen und Verhalten zu verändern ist mehr als ein Sammelsurium von Anweisungen und Maßnahmen. Die Veränderung betrifft eine weitere Ebene des menschlichen Daseins. So kann die Heilkunst der Naturheilverfahren im Rahmen der psychosomatischen Medizin erfolgreich eingesetzt werden.

Naturheilpraxen

Viele Praxen, die Naturheilverfahren zusätzlich zur Schwerpunktmethode praktizieren, finden Sie unter den noch folgenden Therapien.

Jan Dierk Fahning
Bornstraße 14, 20146 Hamburg
Telefon: 040-4105000, Telefax: 040-4101070
Weitere Verfahren: Irisdiagnose, FRZ, OAKP
Niederlassung: 1997
Honorar: DM 40-80 pro Sitzung
Weitere berufliche Aktivitäten: Forschungsarbeit

Klaus W. Kanke
Hofweg 43, 22085 Hamburg, Telefon: 040- 2205957, Telefax: 040-2205957
Weitere Verfahren: Ernährungsberatung, Palliativmedizin
Niederlassung: 1976
Honorar: Erstkonsultation DM 150, Folgekonsultationen DM 40
Weitere berufliche Aktivitäten: Vorträge zu ernährungstherapeutischen Verfahren

Regine Johanna Peschel
Bergiusstraße 29, 22765 Hamburg
Telefon: 040-3907172
Weitere Verfahren: Onkologische Begleittherapien (onkologisch = Krebserkrankungen betreffend), Misteltherapie
Niederlassung: 1996
Honorar: bis DM 60 pro Sitzung
Weitere berufliche Aktivitäten: –

Barbara Schumacher
Naturheilpraxis nur für Frauen
Vereinsstraße 47a, 20357 Hamburg
Telefon: 040-4301790
Weitere Verfahren: OAKP, BBT, PT, Lymphdrainage
Niederlassung: 1995
Honorar: Erstkonsultation DM 80, Folgekonsultation DM 60
Weitere berufliche Aktivitäten: spirituelle Frauengruppen, Yoga- und Entspannungsgruppen für Frauen, Vorträge und Workshops

Katrin Anna Speidel
Am Weiher 5, 20255 Hamburg
Telefon: 040-402952, Telefax: 040-4014692
Weitere Verfahren: Irisdiagnose, AKP, HOM, NT
Niederlassung: 1988
Honorar: DM 30-80 pro Sitzung
Weitere berufliche Aktivitäten: Dozentin an der Arcana Heilpraktikerschule

Ingrid Stoll
Faberstraße 28, 20257 Hamburg
Telefon: 040-8505060
Weitere Verfahren: AKP, OAKP, Lymphdrainage, FRZ, Wirbelsäulenkorrektur nach Dorn
Niederlassung: 1995
Honorar: DM 80 pro Stunde
Weitere berufliche Aktivitäten: Aktive Mitarbeit im Heilpraktikerinnenverband Lachesis e.V., Vorträge, VHS-Kurse

Lars Trittmacher
Schulweg 24, 20259 Hamburg
Telefon: 040-409298, Telefax: 040-4015398
Weitere Verfahren: EAV, Enderleintherapie, Dunkelfeldmikroskopie
Niederlassung: 1996
Honorar: DM 60-280 pro Behandlung
Weitere berufliche Aktivitäten: Naturkosmetik

Florian Wittpahl
Schulweg 24, 20259 Hamburg
Telefon: 040-409298, Telefax: 040-4015398
Weitere Verfahren: EAV, Enderleintherapie, Dunkelfeldmikroskopie
Niederlassung: 1996
Honorar: DM 60-280 pro Behandlung
Weitere berufliche Aktivitäten: Naturkosmetik

Ab- und Ausleitende Verfahren

("Konstitutionsbehandlung nach Aschner" "Humoraltherapie")

Das Konzept

Die Idee dieses Heilverfahrens, das ebenfalls zu den Naturheilverfahren gehört, geht auf die alte Medizin des Hippokrates und noch weiter zurück. Sie basiert auf der Vorstellung, daß sich schädliche Stoffe in den Organen angesammelt und zu deren Erkrankung geführt haben. Über die natürlichen Ausscheidungswege – Haut, Nieren, Darm – sollen diese Gifte nun abgeleitet werden. Diese Ideen gehören heute zum selbstverständlichen Gedankengut eines Naturheilkundlers oder Allgemeinmediziners. Manche der alten Methoden aber sind uns fremd geworden, weil sie entweder zu schmerzhaft oder zu drastisch sind, wie zum Beispiel das Setzen eines "Terpentinabszesses" oder das "Brechverfahren". Dahinter stand die Vorstellung der "Umstimmung" des Organismus als Voraussetzung zur Heilung chronischer Krankheiten.

Ableitende Verfahren sind unter anderem:

- Ableitung auf den Darm (durch Glauber– und Bittersalz, durch Darmbäder und durch eine modernere Variante aus Amerika: die Colonhydrotherapie)
- Brechverfahren
- Blutentziehung (durch Aderlaß, Schröpfen und Blutegel)

- Förderung der Schweißabsonderung (durch Schwitzkuren),
- Hautreizverfahren (durch das Setzen künstlicher Hautentzündungen, durch ein die Haut ritzendes Verfahren nach Baunscheidt, Bäder, Cantharidenpflaster),
- Anregung der Entwässerung (Buttermilch- Obst- Diät, Kürbiskur, Molkekur, Kartoffelkur, Saftfasten, Reiskur, Fasten mit kochsalzarmen Trinkwässern).

Kritische Bewertung und Grenzen

Das Verfahren eignet sich nicht oder nur eingeschränkt für Kinder und alte Menschen, für Schwangere und für Personen, die durch zehrende Krankheiten geschwächt sind. Dazu gehören vor allem Krebs, Tuberkulose und Aids. Vorsicht ist ebenfalls geboten bei Schilddrüsenüberfunktion und verschiedenen Autoimmunkrankheiten. Jede Umstimmung kann bei nicht mehr geregelter Immunantwort auch das Gegenteil des angestrebten Ziels bewirken.

Möglichkeiten

Die "Ausleitung" schädlicher Stoffe aus dem Körper durch Unterstützung aller Ausscheidungsvorgänge dient der Selbstreinigung und damit der Anregung der Selbstheilungskräfte im Körper. Diese Verfahren sind teilweise unverzichtbar in einer naturheilkundlich arbeitenden Praxis. Sie können erstaunliche Besserungen herbeiführen bei:

- rheumatischen Erkrankungen
- Allergien
- Patienten mit einem Genußmittelmißbrauch in der Krankengeschichte.

Naturheilpraxen

Bettina Bortfeld
Virchowstraße 18, 22767 Hamburg
Telefon: 040-3809392, Telefax: 040-3806512
Weitere Verfahren: OAKP, FRZ
Niederlassung: 1995
Honorar: CHT DM 150
Weitere berufliche Aktivitäten: –

Michaela Honold
Virchowstraße 18, 22767 Hamburg
Telefon: 040-3809392, Telefax: 040-3806512
Weitere Verfahren: Spezialisierung auf ausleitende Verfahren im Rahmen der Zahnheilkunde
Niederlassung: 1995
Honorar: Beratung, Konzept, Therapieplan DM 100-140
Weitere berufliche Aktivitäten: –

Birgit Koepsell
Uppenhof 5, 22359 Hamburg
Telefon: 040-6032204, Telefax: 040-60911874
Weitere Verfahren: Dunkelfeldmikroskopie, Sanumtherapie, Ernährungstherapien
Niederlassung: 1992
Honorar: DM 50-80 pro Sitzung / Weitere berufliche Aktivitäten: –

Akupressur

Das Konzept

Seit mehr als 3000 Jahren wird die Akupressur in Chinas Volksmedizin erfolgreich gegen alltägliche Beschwerden und Schmerzen angewandt. Sie geht auf die Akupunktur zurück und ist Bestandteil der Chinesischen Massage (Tuina Anmo Therapie). Statt der Nadelung wird auf Akupunkturpunkte ein Druck ausgeübt.

Kritische Bewertung und Grenzen

Die Wirkung ist viel weniger intensiv und gezielt als die der Akupunktur, weshalb sich diese Therapie auch nur zur Behandlung akuter Alltagsbeschwerden, nicht aber ernster akuter oder chronischer Erkrankungen eignet.

Möglichkeiten

Einfache Kopf- und Rückenschmerzen, Heuschnupfen, Schlaf- und Konzentrationsstörungen, Erkältungskrankheiten, Menstruationsschmerzen und niedriger Blutdruck sind die Domäne dieser Methode. Der besondere Vorzug ist die Möglichkeit der gefahrlosen Selbstbehandlung.

Naturheilpraxen

Keine bekannt, die diese Therapie als Schwerpunkt anbietet. Siehe auch Praxen unter "Akupunktur" und "Traditionelle Chinesische Medizin".

Akupunktur

Das Konzept

Diese Therapie ist ein Spezialgebiet der Traditionellen Chinesischen Medizin (TCM). Bei der Akupunktur werden stimulierende, beruhigende oder ausgleichende Reize gesetzt, indem man mit sehr feinen Nadeln bestimmte Punkte sticht, die auf der Körperoberfläche aufgesucht werden. Die Systematik der Chinesischen Medizin entstand auf dem Hintergrund der chinesischen Naturphilosophie, des Daoismus, Konfuzianismus und auch des Buddhismus. Sie ist über Jahrtausende bedeutend geblieben, weil sie über Arztdynastien, Klöster und Meister-Schüler-Verhältnisse übermittelt wurde und weil sie in gut ausgebildeten Händen wirksam und in ihrer Anwendung nicht aufwendig ist.

Der Mensch als Teil des Universums unterliegt nach der Lehre der TCM den kosmischen Gesetzen. Er ist "ein Mikrokosmos im Makrokosmos" – sein Körper repräsentiert geradezu kosmische Gesetzmäßigkeiten. Diese Sicht ähnelt verblüffend den Erkenntnissen der modernen Physik, Materie sei verdichtete Energie. Diese Energie – in der Chinesischen Tradition das "Qi" – reguliert nach der traditionellen Anschauung alle Vorgänge – die der belebten und unbelebten Materie wie auch die des Nicht-Materiellen. Qi allerdings nur mit dem westlich-abstrakten Begriff der "Energie" zu erklären ist nicht korrekt. Nach chinesischer Vorstellung beinhaltet dieser Begriff viel mehr: "Funktion, Bewegung und Wirkung". Nach der chinesischen Akupunkturlehre gibt es in unserem Körper sogenannte "Meridiane", die man sich als "Bahnen" oder "Kanäle" vorstellen kann. In ihnen fließt das Qi und versorgt unsere gesamten Körperfunktionen. Diese Meridiane verlaufen symmetrisch, d.h. auf jeder Körperhälfte finden wir jeweils einen gleichnamigen Meridian. Auf ihnen liegen wie auf eine Kette aufgereiht die Akupunkturpunkte. Die Meridiane sind nach Organen benannt – aber der Organbegriff der chinesischen Medizin bedeutet etwas ganz anderes als der der westlichen Medizin. Da alle Organe miteinander in Funktionskreisen zusammenhängen, bedeutet eine Störung des Nierenmeridians beispielsweise nicht zwangsläufig eine Nierenerkrankung. Die Störung kann sich an ganz anderer Stelle im Funktionskreis auswirken. So stehen auch nicht alle Punkte dieses Meridians mit dem Organ "Niere" in Verbindung. Auf den Meridianen finden sich – je nach Schule – 657 bis 1270 Punkte. Welche Punkte nun zu stechen sind, entscheidet der Akupunkteur nach verschiedenen diagnostischen Kriterien:

- Pulsdiagnose durch Pulstastung – hier werden 24 verschiedene Pulsqualitäten an 12 Punkten beurteilt – unter anderem nach "Fülle"– und "Leere"- Zustand
- Innere Krankheitsursachen (Gemütslage, Traumatisierungen, sexuelle Exzesse usw.) und äußere Krankheitsauslöser (Kälte, Hitze, Trockenheit und Feuchtigkeit usw.) müssen einbezogen werden
- Geruch der Ausscheidungen
- Zungendiagnose durch eingehende Betrachtung der Zungenbeschaffenheit
- Gesichtsdiagnostik

Bestimmte Erkrankungen werden in Kombination mit "Moxibustion" behandelt: eine Behandlung der Akupunkturpunkte mit Hilfe von Moxakraut, das durch Verbrennung Wärme und aromatische Substanzen freisetzt.

In China wurde die Akupunktur nicht als ausschließliche Behandlungsform eingesetzt – sie ist und bleibt ein Teil einer sehr umfassenden und ganzheitlichen Medizin. Bei uns im Westen wird die Akupunktur auch als alleinige Methode praktiziert und zielt in diesem Zusammenhang mehr auf Beschwerdelinderung, also Symptombekämpfung ab. Hier liegt die Gefahr, in reine "Punkterezepte" abzugleiten, ohne sich der dazugehörigen Diagnostik zu bedienen. Unter den neueren Varianten der Akupunktur sollen hier die wichtigsten genannt werden:

- Elektroakupunktur
  In die eingestochenen Nadeln werden schwache elektrische Impulse zur Reizverstärkung eingeleitet.
- Laserakupunktur
  "Soft-Laser"-, Helium-, Neon-, Infrarotakupunktur. Diese Methoden basieren auf der Anschauung, daß die Behandlung den Stoffwechsel, die Regeneration des Gewebes und die Immunlage positiv beeinflusse.
- TENS (PuTENS)
  Diese Abkürzung bedeutet "Transkutane elektrische Nervenstimulation". Hier wird über Elektroden ein Reiz auf z.B. Akupunkturpunkte oder Schmerzareale gelegt. Der schwache Strom soll den Schmerz "überlagern". TENS, so wird die Behandlung im allgemeinen genannt, wird hauptsächlich in der Schmerztherapie eingesetzt.
- Injektionsakupunktur
  Hier werden Lokalanästhetika und homöopathische Mittel in Akupunkturpunkte gespritzt.

Kritische Bewertung und Grenzen

- Es gibt Störungen und Erkrankungen, die entweder durch eine Akupunktur verschlechtert werden können oder aber dringend einer anderen Therapieform bedürfen, damit der Patient nicht gefährdet wird. Die wichtigsten dieser "Kontraindikationen" seien hier genannt, wobei der schlecht ausgebildete Akupunkteur sicher die größte Kontraindikation darstellt:
- Krankheiten, bei denen die eigene Lebensenergie nicht mehr ansprechbar ist, z.B. bei zehrenden Krankheiten
- Erkrankungen, die auf dem Fehlen eines Stoffes beruhen. Hier muß ersetzt ("substituiert") werden.
- Schwere Geisteskrankheiten (akute Psychosen)
- Bestimmte Autoimmunkrankheiten sollten nicht mit Akupunktur als ausschließlicher Therapie behandelt werden, z.B. Multiple Sklerose.
- Menschen, die ein nicht mehr funktionsfähiges Organ haben (Herz– oder Niereninsuffizienz u.a.) brauchen eine andere Therapie. Es gibt den Grundsatz: Akupunktur heilt, wo gestört – nicht, wo zerstört ist.

Möglichkeiten

Die Domäne der Akupunktur als alleiniger Therapie ist die Bekämpfung von Schmerzzuständen und die Behandlung funktioneller Störungen nach Ausschluß ernster Erkrankungen:

- Migräne und andere Kopfschmerzen
- Koliken innerer Organe
- Nervöse Magen- und Darmbeschwerden
- Ischialgien und Schmerzzustände im unteren Rückenbereich
- Kreislaufschwäche (Störungen durch niedrigen Blutdruck)
- Neuralgien (z.B. Trigeminusneuralgie)
- Schlafstörungen
- Tennisellenbogen
- Neigung zu Infekten der oberen Atemwege, spastische Bronchitis
- Unterstützung der Suchttherapie

Naturheilpraxen

Barbara Feddersen
Hudtwalckerstraße 29, 22299 Hamburg
Telefon: 040-46960331
Weitere Verfahren: ID, AAV (Blutegel), HOM
Niederlassung: 1995
Honorar: Akupunktur: DM 45, Irisdiagnose DM 40, Blutegelbehandlung DM 70-100, Homöopath. Anamnese DM 150
Weitere berufliche Aktivitäten: –

Karlheinz Grünke
Waldenburger Straße 49, 22045 Hamburg
Telefon: 040-6534454
Weitere Verfahren: NT, Eigenblutbehandlung, ID
Niederlassung: 1997
Honorar: DM 40-50 pro Sitzung
Weitere berufliche Aktivitäten: Begleitung von Fastengruppen

Dörthe Hannig
Poppenbüttler Straße 180, 22851 Hamburg-Norderstedt
Telefon: 040-5246808, Telefax: 040-5246808
Weitere Verfahren: NT, Eigenblutbehandlung, Yoga und Meditation, spirituelle Psychotherapie
Niederlassung: 1997
Honorar: Akupunktur DM 70-130,
andere Methoden DM 30-100 pro Sitzung
Weitere berufliche Aktivitäten:
Leitung der Yoga-Schule für Yoga und Meditation

Christina Hasenbein-Stroth
Markt 14, 21500 Hamburg-Glinde
Telefon:040-7111113 und 7105248, Telefax: 040-7111111
Weitere Verfahren: ID, CP, HOM, NT, alle Naturheilverfahren, Behandlung von Stimm- und Sprachstörungen, GT
Niederlassung: 1973
Honorar: DM 30-80 pro Sitzung
Weitere berufliche Aktivitäten: –

Christa Hellmann
Försterweg 50, 22525 Hamburg
Telefon: 040-5403557, Telefax: 040-4602715
Weitere Verfahren: NT, AK
Niederlassung: 1997
Honorar: DM 80-140 pro Sitzung
Weitere berufliche Aktivitäten: –

Sabine Kawano
Op de Solt 51, 22391 Hamburg
Telefon: 040-5362900, Telefax: 040-5362900
Weitere Verfahren: Japanische Akupunktur nach Kawano
Niederlassung: 1989
Honorar: Erstbehandlung DM 90-160 (Kinder DM 20-70, Studenten, Arbeitslose, Schüler DM 80-120)
Weitere berufliche Aktivitäten: Vorstellung der klassischen japanischen Akupunktur durch Vorträge, Artikel, Fernsehveranstaltungen, und einmal im Monat Vorstellung der Arbeit : "gläserne Praxis" in den Räumen der Praxis

Monika Kolax
Blankeneser Bahnhofstraße 29 a, 22587 Hamburg
Telefon: 040-860494, Handy: 0177-2833476
Weitere Verfahren: Farbpunktur nach Peter Mandel, OAKP, Massagen, FRZ, Lymphdrainage, Shiatsu
Niederlassung: 1997
Honorar: DM 75-90 pro Sitzung
Weitere berufliche Aktivitäten: –

Matina Luetjens
Travemünder Stieg 11, 22143 Hamburg
Telefon: 040-6778844, Telefax: 040-6778844
Weitere Verfahren: FRZ, TCM
Niederlassung: 1996
Honorar: DM 60-80 pro Sitzung
Weitere berufliche Aktivitäten: –

Ohrakupunktur

Aurikulotherapie

Das Konzept

Auch die chinesische Medizin kennt Akupunkturpunkte des Ohres. Die heutige, vor allem von westlichen Medizinern und Heilpraktikern praktizierte Ohrakupunktur ist ein in sich geschlossenes System und wurde von dem französischen Arzt Paul Nogier entwickelt. Sie enthält jedoch auch Elemente und Erfahrungen aus der chinesischen Akupunktur. Er fand durch systematische praktische Tätigkeit heraus, daß bestimmte Ohrregionen mit Körperbereichen und Organen in Beziehung stehen. Auf diese Weise entstand das Bild eines in der Ohrmuschel auf dem Kopf liegenden Embryos, dessen Proportionen etwa denen der Projektion unseres Körpers auf der Großhirnrinde entsprechen. Das System Nogiers umfaßt 108 Punkte, wobei das exakte Auffinden genaue anatomische Kenntnisse des Ohres und viel Übung erfordert, es sei denn, man bedient sich eines speziellen Gerätes, das den Hautwiderstand im betreffenden Hautareal anzeigt. Meistens können 6-8 Sitzungen eine deutliche Besserung der Beschwerden herbeiführen.

Kritische Bewertung und Grenzen

Die Ohrakupunktur ist risikoreicher als die Körperakupunktur, obwohl sie nicht so wirkungsvoll ist. Die Nadelungen sind schmerzhafter, das Ohr ist sehr viel infektionsgefährdeter als andere Körperbereiche, weil es schlechter durchblutet ist, und auch die Verletzungsgefahr ist größer. Deshalb ist hier peinlich auf Desinfektion und sterile Einmalnadeln zu achten. Hinzu kommen die gleichen Risiken wie bei anderen hautverletzenden Eingriffen auch: Kreislaufkollaps und Herzattacken. In Knorpelbereichen sollten keine Dauernadeln gesetzt werden, weil hier Entzündungen den Ohrknorpel einschmelzen können. Niemals darf gestochen werden im Falle akuter Herzbeschwerden oder einer Risikoschwangerschaft. Schwangere sollten ohnehin nur in Ausnahmefällen "gestochen" werden.

Möglichkeiten

Die Ohrakupunktur wird meistens als unterstützende Maßnahme und nicht als alleinige Therapie eingesetzt. Da sie relativ leicht zu erlernen ist, erfreut sie sich großer Beliebtheit. Erfolgversprechend ist sie im Rahmen vegetativer Störungen, bei Kopfschmerz, Migräne und Neuralgien, vor allem aber hat sie sich einen Platz als begleitende Maßnahme bei Suchttherapien erobert.

Naturheilpraxen

Astrid Fischer
Gärtnerstraße 32, 20253 Hamburg
Telefon: 040-42910852
Weitere Verfahren: Irisdiagnose, HOM, NHV
Niederlassung: 1989
Honorar: DM 50 OAKP, DM 25-65 Beratung
Weitere berufliche Aktivitäten: Schwangerschaftsbegleitung

Eckhard M. Koschyk
Borndeel 16-18, 22453 Hamburg
Telefon: 040-582900, Telefax: 040-582900
Weitere Verfahren: NT, Irisdiagnose, Magnetfeldtherapie, OAKP mit Laser
Niederlassung: 1977
Honorar: DM 20-50 pro Sitzung
Weitere berufliche Aktivitäten: –

Akupunktmassage nach Penzel (APM)

Das Konzept

Die Massage der Meridiane ist von Wilhelm Penzel (1917-1985) auf Grundlage der Akupunktur entwickelt worden. Es werden jedoch keine Nadeln gestochen, sondern Massagestäbchen zur Behandlung der Energieleitbahnen verwendet. Nach einer energetischen Befunderhebung durch den sogenannten "Probestrich" läßt der Akupunkt-Massage-Therapeut das Massagestäbchen mit sanftem Druck – je nach Befund – über bestimmte Meridiane gleiten, um über den Energieausgleich zwischen ihnen die Selbstheilungskräfte des Organismus anzuregen.

Kritische Bewertung und Grenzen

Diese Behandlung ersetzt keine grundlegende Therapie ernster Krankheiten. Vor allem dann nicht, wenn es um fehlende Substanzen oder Operationen geht. Epileptiker, Menschen mit akuten Infektionskrankheiten und Frauen im ersten Drittel oder bei Komplikationen ihrer Schwangerschaft sollten nicht mit Akupunktmassage behandelt werden.

Möglichkeiten

Indikationen für eine solche Behandlung sind funktionelle (also nicht organisch bedingte) Störungen und Schmerzzustände, wenn ein ernstes Leiden ausgeschlossen oder unter Kontrolle ist, vor allem aber im Sinne der Chinesischen Medizin die Gesunderhaltung und Vorbeugung von Krankheiten.

Naturheilpraxen mit Schwerpunkt Akupunktmassage nach Penzel

Manuela Grunwald
Hohenzollernring 34, 22763 Hamburg
Telefon: 3907479
Weitere Verfahren: Wirbelsäulentherapie nach Dorn, BBT, Eigenbluttherapie
Niederlassung: 1993
Honorar : DM 70-100 für 1 Stunde Behandlung
Weitere berufliche Aktivitäten: Veröffentlichungen und Vorträge betr. Naturheilkunde

Heidi Krüger
Brauhausstieg 30, 22041 Hamburg
Telefon: 040-681095, Telefax: 040-681095
Weitere Verfahren: AKP, EV, Wirbelsäulentherapie, EA, Schmerztherapie
Niederlassung: 1990
Honorar: Erstbehandlung DM 120, Folgebehandlungen DM 90
Weitere berufliche Aktivitäten: –

Jutta Rettiek
Wandsbeker Marktstraße 10, 22041 Hamburg
Telefon: 040-6522213
Weitere Verfahren: Dunkelfeldmikroskopie, HOM, AK, Familientherapie
Niederlassung: 1994
Honorar: Erstkonsultation DM 150, Folgekonsultationen DM 80
Weitere berufliche Aktivitäten: Vorträge und Fortbildungen

Ilse Roßmann
Heimhuder Straße 6, 20148 Hamburg
Telefon: 040-418179
Fax: 040-453164, Handy: 0170-2134765
Weitere Verfahren: TCM, HOM, NHV, Ozontherapie, Magnetfeldtherapie, FRZ
Niederlassung: 1992
Honorar: Erstbehandlung/Anamnese DM 150, Folgebehandlungen: DM 80-130.
Weitere berufliche Aktivitäten: Leiterin und Dozentin der ATP-Heilpraktikerschule, Therapieseminare

Julia Schüler
Saseler Weg 1, 22359 Hamburg
Telefon: 040-6035003, Telefax: 040-6035003
Weitere Verfahren: Ozon- und Sauerstofftherapien, CHT, Spezialisierung: Allergiebehandlung, Wirbelsäulen- und Gelenktherapie, Schwangerschaftsbegleitung, Babymassage
Niederlassung: 1990
Honorar: DM 10-50 pro Sitzung
Weitere berufliche Aktivitäten: –

Anthroposophische Medizin

Das Konzept

Die meisten kennen "Steiner-Schulen" – aber die Anthroposophie, die dahinterstehende Lehre Rudolf Steiners, ist nur wenigen vertraut und wirkt auf "Uneingeweihte" verwirrend und suspekt. Dabei hat diese Lehre, die sich in ihrem Zugang zu den Naturwissenschaften an Goethes Erkenntnissen orientiert und traditionelle Elemente östlichen und westlichen Gedankenguts enthält, einige sehr konkrete, funktionstüchtige Ansätze hervorgebracht, die ganz und gar nicht "abgehoben" sind: Die Waldorfpädagogik, die biologisch-dynamische Wirtschaftsweise und die Anthroposophische Medizin. Die Heilkunst der Anthroposophen ist nie als Gegensatz zur herkömmlichen Medizin gedacht worden, sondern als "Erweiterung" der Schulmedizin im Sinne einer geistigeren Ausrichtung.

Wer anthroposophische Einrichtungen betritt, spürt dies sofort. Besonders die Krankenhäuser strahlen eine humane Atmosphäre aus: der Umgang mit den Patienten, aber auch der Umgang des Teams miteinander ist inspiriert von einer bejahenden Sicht auf das Kranksein als Möglichkeit, zu neuen Kräften und Perspektiven zu gelangen. Im Falle eines tödlichen Leidens geht es darum, sich auszusöhnen mit der eigenen Biographie und dem persönlichen Schicksal. Diese Medizin geht von der Vorstellung aus, daß der Mensch eine Einheit von vier "Wesensgliedern" oder "Leibern" sei. Der "physische" Leib ist der Körper als solcher, der "Ätherleib" belebt ihn, läßt aufbauen, wachsen und regenerieren. Der "Astralleib" ermöglicht Bewußtsein, Empfindungen, Leidenschaft. Das Zentrum aber, das Kernempfinden von sich selbst, stellt das "Ich" dar. Diese vier Qualitäten sind erlebbar und in ihren Auswirkungen wahrnehmbar – ganz besonders, wenn sie nicht miteinander harmonieren und Krankheit entsteht. So geht es in dieser Heilkunst darum, zu erkennen, welche Wesensglieder zu stark oder zu schwach sind, um geeignete Arzneien zu geben, die in der Lage sind, diese Disharmonien auszubalancieren. Zur Therapie gehören aber auch eine vollwertige, meist vegetarische Lebensweise, die Anregung der Kreativität des Menschen, die ihn wieder zum Handelnden machen soll, die Heileurythmie, eine "Körpertherapie", die aus der Bewegung heraus auf die Wesensglieder wirken soll, und das intensive Gespräch zwischen Arzt und Patient.

Eine Domäne der anthroposophischen Heilkunst ist die Krebstherapie: Hier geht es nicht so sehr darum, in bestimmten Fällen eine Operation zu vermeiden, da der Organismus von den Tumorstoffwechselgiften unbedingt befreit werden sollte, sondern um die Behandlung des Krebskranken an sich. Das Krankheitskonzept der Anthroposophie sieht im Krebs die Folge eines ungebremsten Wirkens der Ätherkräfte, die nicht mehr durch das Astralische gezügelt werden können. So befindet sich der Mensch, dessen Wesensglieder ins Ungleichgewicht gekommen sind, auf dem Weg zur Krebserkrankung. Diesen Zustand nennen die Anthroposophen eine "Präkanzerose" – nicht ganz unproblematisch, wenn man bedenkt, daß dieser Begriff in der Schulmedizin bereits "Krebsvorstadium" bedeutet und "auf zellulärer Ebene nachweisbar". Die anthroposophische "Präkanzerose" beinhaltet also eine ganz andere Vorstellung als die schulmedizinische.

Die Krebstherapie besteht aus einer individuellen medikamentösen Behandlung mit pflanzlichen oder mineralischen Mitteln, Mistelinjektionen, künstlerischer Therapie, Heileurythmie und Gesprächen. Alle Therapien werden auf den einzelnen Patienten und seine Problematik abgestimmt. Immer aber geht es auch darum, den "Krebs" fruchtbar in seine Biographie einzuordnen. Eine solche Haltung kann Selbstheilungskräfte freisetzen, dem Patienten Angst nehmen und ihm helfen, nicht aufzugeben.

Kritische Bewertung und Grenzen

Die Grenzen dieser Therapie liegen mehr in dem Bestreben, Krankheit, Schicksal und Tod um jeden Preis zu integrieren, wenn vielleicht doch andere Maßnahmen hilfreich sein könnten. Eine vielfach geäußerte Kritik ist der Umgang mit Schwermetallen in niedriger homöopathischer Verdünnung, also noch in stofflicher Qualität. Diese Schwermetalle werden oft über längere Zeiträume verabreicht und stellen nach Ansicht der Umweltmedizin eine zusätzliche, vermeidbare Belastung des Organismus mit Giften dar. Die Stiftung Warentest nennt solche Gifte "alternative Gifte".

Möglichkeiten

Die anthroposophische Medizin ist ein in sich geschlossenes, vollständiges Medizinsystem und ist um Ausgleich für jedes Ungleichgewicht bemüht. Es muß nicht um jeden Preis geheilt werden, vielmehr ist das Ziel, "Entwicklung" zu fördern und daraus regenerierende Kräfte entstehen zu lassen. So gibt es auch nicht ein spezielles Spektrum von Krankheiten für diese Therapie. Eine Stärke der anthroposophische Medizin ist die Kinderheilkunde – vielleicht auch, weil die anthroposophischen Heiler in den Fieber – und Entzündungskrankheiten der Kinder notwendige Reifungsschritte sehen. Diese Haltung wirkt ermutigend und beruhigend auf Eltern und Kinder.

Naturheilpraxen

Dr. rer. nat. Reinhold Wolfrum
Am Backofen 36, 22339 Hamburg
Telefon: 040-5386794 und 5387787
Weitere Verfahren: HOM, PT
Niederlassung: 1991
Honorar: DM 60-80 pro Stunde
Weitere berufliche Aktivitäten: Mitglied einer Arzneimittelkommission für Heilmittel der anthroposophischen Therapie, Referent bei Seminaren, Kurse zur Selbsthilfe

Atemtherapie

Das Konzept

Die Atemtherapie, ursprünglich als Heilatmung bei Menschen mit Lungenleiden oder bettlägerigen Patienten zur Vermeidung einer Lungenentzündung eingesetzt, gewinnt heute immer mehr an Bedeutung bei seelischen Erkrankungen sowie in der Schmerztherapie und bei Stimmproblemen. Brust- und Bauchatmung werden durch atemtherapeutische Techniken in Einklang gebracht. Die Entspannung, die durch richtige Atmung entsteht, wirkt zurück auf das gesamte Wohlbefinden. Die Durchblutung der Bauchorgane, aber auch der venöse Rückstrom zum Herzen werden deutlich verbessert. Verschiedene Prinzipien der Atemtherapie werden eingesetzt: bewußte, halbbewußte und unbewußte Atemlenkung, manuelle Atemmassage und Atemgymnastik.

Kritische Bewertung und Grenzen

Bei schweren körperlichen oder seelischen Störungen darf sie nicht angewandt werden, obwohl sie risikoarm ist. Während der Therapie können heftige Gefühle und seelische Probleme aufbrechen, die nur psychotherapeutisch geschulte und erfahrene Therapeuten auffangen können. Atemtherapeuten mit esoterischer Ausrichtung bieten Atembehandlungen an, die Hyperventilationstechniken beinhalten, zum Beispiel "Rebirthing". Auch wenn die daraus resultierende Erfahrung einen positiven Effekt hat, kann diese Technik für Patienten mit Asthma lebensbedrohlich sein.

Möglichkeiten

Atemarbeit kann funktionelle Stimm- und Sprachstörungen beheben, Haltungsfehler beeinflussen, Angst, Streß und Verspannung mit all ihren körperlichen Folgen abbauen helfen. Sie ist nicht nur eine Therapie für Kranke, sondern eine Vorsorgemaßnahme, die sich auf unser gesamtes körperliches Wohlbefinden auswirkt.

Naturheilpraxen

Roland Krügel
Am Beerbusch 31, 22395 Hamburg
Weitere Verfahren: Atem- und körperorientierte Psychotherapie (nach Prof. Middendorf), Schwangerschaftsbegleitung, Sterbebegleitung
Niederlassung: 1984 / Honorar: DM 120 pro Stunde
Weitere berufliche Aktivitäten: Vorträge und Seminare

Ayurveda

Das Konzept

Ayurveda, die "Wissenschaft vom gesunden Leben", ist ein 3500 Jahre altes, schriftlich überliefertes Gesundheitssystem, das in Indien heimisch ist. Zwei Drittel der Inder werden noch heute mit dieser Therapie versorgt.

Nach der Vorstellung des Ayurveda ist jeder Mensch bestrebt, die drei grundlegenden Regulationssysteme seines Organismus: Vata (Funktion des Nervensystems: Bewegung und Aktivität), Pitta (Enzymaktivität, hormonelle Regulationen, Wärme, Gewebeaufbau, Stoffwechsel) und Kapha (Immunsystem und alles, was über die Körperflüssigkeiten vermittelt wird) im harmonischen Verhältnis zueinander zu halten, gleichzeitig aber auch das Verhältnis zur Umwelt und zu den anderen Menschen ausgewogen und befriedigend zu gestalten. Ist diese Balance gestört, dann werden Signale spürbar, die sich erst zu Symptomen einer Krankheit auswachsen, wenn sie nicht beachtet werden. Ayurveda versucht nun, durch gesunde Lebensführung und spezielle Heilbehandlungen die verlorene Harmonie wieder herzustellen. Was heute Forschungsgegenstand der psychosomatischen Medizin und der Sozialmedizin ist, war also schon vor Tausenden von Jahren die Fragestellung der Ayurvedisten: Warum entsteht diese Krankheit, und wie können wir wirksame Konzepte zur Vorbeugung entwickeln? So steht auch in der ayurvedischen Therapie im Vordergrund, herauszufinden, was genau diesen Menschen aus dem Gleichgewicht gebracht hat. Der ayurvedische Therapeut benötigt zwei "Diagnosen": Welche Krankheit liegt vor, und was für einen Menschen habe ich vor mir? Auch in der ayurvedischen Diagnostik werden die drei Regulationssysteme beurteilt. Die Pulsdiagnose gibt Auskunft über den Zustand dieser Systeme, eine zweite Diagnose fragt nach der "Natur dieses Menschen". Die Umstände während seiner Geburt und der Schwangerschaft, astrologische Aspekte, die Bedingungen während seiner Zeugung und vieles mehr fließen in diese Beurteilung mit ein. Die Behandlung besteht aus folgenden Komponenten:

- Ernährung (wobei auf die Vorlieben und Abneigungen des Körpers eingegangen wird)
- Reinigung von Stoffwechselprodukten durch Fasten, Ganzkörperölmassagen, Wärmedampfbäder, Aderlaß, Einläufe und Yogaübungen
- Pflanzliche Arzneien
- Mineralien und Metalle
- Meditation
- Farb-, Aroma- und Musiktherapie

Kritische Bewertung und Grenzen

Die Reinigungskuren sind nicht geeignet für sehr geschwächte oder akut erkrankte Patienten und in der Schwangerschaft. Kritiker sehen besonders in den Arzneizubereitungen ein großes Problem. Die pharmazeutischen Produkte sind in Deutschland nicht zugelassen, man kann sie aber über die Apotheke bestellen. Die Importware ist meist im europäischen Ausland als "Nahrungsergänzungsmittel" auf dem Markt. Einige Produkte sind gelegentlich schon von den Lebensmittelkontrollbehörden aus dem Verkehr gezogen worden, weil sie Schwermetalle enthielten, die im indischen Ayurveda üblich sind, aber angeblich durch die besondere Zubereitungsform unschädlich gemacht werden.

Ayurveda als klassische indische Medizin und Maharishi Ayur-Veda sind nicht identisch. Die indischen Ayurveda-Ärzte werden an Universitäten über viele Jahre ausgebildet (mindestens 12 Semester). Viele Studien versuchen, den riesigen Schatz ayurvedischen Heilpflanzenwissens zu heben und die Wirksamkeit zu belegen, dies teilweise mit Erfolg. "Maharishi Ayur–Veda" ist die Form des Ayurveda, die sich im Westen eher durchgesetzt hat. Für Ärzte und Heilpraktiker werden einwöchige Grundausbildungen angeboten.

Möglichkeiten

Bei einem gut ausgebildeten ayurvedischen Therapeuten können Menschen mit funktionellen Beschwerden und chronischen Erkrankungen Linderung ihrer Beschwerden erwarten. Die Stärke der ayurvedischen Medizin liegt in der Frühbehandlung von Störungen und in der Behandlung von Gelenkentzündungen und Leberzirrhose, zweier Krankheitsbilder, die in der westlichen Medizin noch keine befriedigenden Behandlungserfolge kennen.

Naturheilpraxen

Keine Praxis hat dieses Verfahren als Schwerpunkt angegeben.

Bach-Blütentherapie

Das Konzept

Die von dem homöopathischen Arzt Edward Bach (1886-1936) entwickelte Therapie ist inspiriert vom psychoanalytischen Konzept Carl Gustav Jungs. Nach Bachs Theorie ist Krankheit die Folge eines Konflikts zwischen "Höherem Selbst" und "Persönlichkeit" – der ungelöste Konflikt heißt für ihn "Charakterschwäche". Zur Charakterschwäche gehören negative Gefühle wie Haß, Egoismus, Stolz und negatives Verhalten wie beispielsweise Grausamkeit und Habgier. Insgesamt unterscheidet er 38 negative seelische Verfassungen, die jeweils typische Beschwerden hervorbringen. Der Weg zur Gesundheit ist nur über gedankliche und spirituelle Bemühung denkbar. Bachs Auffassung ist, daß die Blütenessenzen, die nach strengen Richtlinien aus 38 verschiedenen wildwachsenden Blüten zubereitet werden, Blockierungen im bioenergetischen Feld des Menschen beseitigen und den Menschen öffnen für "Botschaften des spirituellen Selbst". Eine Diagnose im klassischen Sinne wird von den Bachblüten–Therapeuten nicht für nötig gehalten. Es geht um die psychischen Bedingungen, die erfragt werden. Das bei uns verbreitete Auffinden der geeigneten Mittel durch Pendeln, Elektroakupunktur nach Voll oder angewandte Kinesiologie wird von den meisten Lehrern der Blütentherapie abgelehnt.

Nach der ersten Sitzung erhalten die Patienten ihre Mittel, und in den folgenden Sitzungen wird im Gespräch geklärt, ob und welche Mittel folgen. Die Patienten sollen sich auch mit der Philosophie, die dieser Therapie zugrunde liegt, vertraut machen.

Kritische Bewertung und Grenzen

Allen ganzheitlich denkenden Therapeuten ist der Gedanke, daß Krankheit einen psychischen Anteil hat, vertraut. Die Beschränkung auf 38 negative Gemütszustände als Ursache von Störungen und Krankheiten kann jedoch zu einem "Schubladendenken" führen und eventuell Patienten und Therapeuten an stereotype Erklärungsmuster binden. Für psychologisch bedenklich halten viele Therapeuten das Konzept Bachs, seelische Zustände nach moralischen Kategorien in "gut" und "böse" einzuteilen und mit dem Urteil der "Charakterschwäche" letztlich aus leidenden Opfern charakterschwache Täter zu machen. Bach selbst hielt sein System für abgeschlossen und keiner weiteren Entwicklung bedürftig. In einem Lehrbuch von 1991 steht als "oberstes Diagnoseprinzip", körperliche Zustände seien unerheblich. Die Gefahr einer solchen Therapie besteht darin, daß sie – obwohl laut

Bach kompatibel mit allen anderen Therapien – unter Umständen die Patienten mehr als andere Therapieformen an ihr Glaubenssystem bindet und andere notwendige Behandlungen dadurch verhindert oder hinauszögert.

Möglichkeiten

Die Therapie kann in schwierigen Lebenssituationen helfen, Krisen besser durchzustehen. Eine besondere Blütenkombination – Nr. 39 – trägt den Namen "Rescue" und wird als Erste Hilfe in emotionalen Streßsituationen eingesetzt. Die meisten Menschen, die schon einmal mit Bachblüten behandelt wurden, berichten von den erstaunlichen Wirkungen dieser Therapie auf ihr Seelenleben. Psychotherapeuten unterstützen ihre Arbeit gelegentlich erfolgreich mit Bachblüten – Patienten und Heiler machen oft die Erfahrung, daß sie unter Bachblüten-Therapie weniger Medikamente benötigen.

Naturheilpraxen

Ariane Fischer
Behnstraße 83, 22767 Hamburg
Telefon: 040-38611451, Telefax: 040-393473
Weitere Verfahren: HOM
Niederlassung: 1996
Honorar: DM 60 (Kinder DM 40) (pro 30 Minuten)
Weitere berufliche Aktivitäten: –

Thomas Kahmann
Hamburger Straße 176, 22083 Hamburg
Telefon: 040-2998888
Weitere Verfahren: AK, CST, OAKP
Niederlassung: 1992
Honorar: DM 90 pro Stunde
Weitere berufliche Aktivitäten: Leitung Arbeitskreis

Heinz König
Eppendorfer Landstraße 105, 20251 Hamburg, Telefon: 040-4227374,
Telefax: 040-4227374
Weitere Verfahren: HOM, Ernährungsberatung, Massage
Niederlassung: 1998
Honorar: DM 70 pro Stunde
Weitere berufliche Aktivitäten: –

Biochemie nach Dr. Schüssler

Das Konzept

Der Begriff "Biochemie" wird heute weiter gefaßt, als es der Begründer dieser Therapie, Dr. Wilhelm Heinrich Schüssler – er lebte von 1821 bis 1898 – gelehrt hat. Biochemie ist heute ein Begriff, der für die gesamten chemischen Vorgänge der belebten Welt steht. Nach der Ansicht von Dr. Schüssler beruht nahezu jede organische Erkrankung auf einem Mangel an Mineralsalzen. Da der menschliche Organismus zur Aufrechterhaltung seiner Zellfunktionen Mineralsalze und Spurenelemente benötigt, entwickelte Schüssler eine Therapie, bei der ausschließlich zwölf Mineralsalze zur Anwendung kommen. Er nannte diese zwölf Mineralsalze "Funktionsmittel". Die Arzneien werden in Potenzen von D 6 und D 12 gegeben. Richtig an seiner Theorie ist, daß tatsächlich alle Lebensvorgänge mit dem Fließen löslicher Stoffe zusammenhängen. Und zu diesen Stoffen gehören die Mineralsalze auf jeden Fall. Die zwölf Mittel, die Schüssler entwickelt hat, sind heute noch um 12 weitere Mittel bereichert worden. Außerdem wurden auch noch elf Salben entwickelt. Wichtig war für Schüssler, daß die Mineralsalze in ähnlich geringer Konzentration in den Körper gelangen, wie sie dort auch anzutreffen sind, und daß sie bereits in der Mundhöhle ins Blut übertreten, weil er befürchtete, sie könnten durch Verdauungsvorgänge wieder ungenutzt ausgeschieden werden. Es gibt zwar Literatur, die den einzelnen Beschwerdebildern und Krankheiten die jeweiligen Funktionsmittel zuordnet. Schüssler selbst jedoch ging davon aus, daß man bereits aus dem Antlitz des Patienten entnehmen könne, welche Salze zugeführt werden müssen. Dieses Vorgehen wird von den Anwendern der Biochemie "künstlerisches Handeln auf der Grundlage fundierten Wissens" genannt. Die Erklärung der Wirkung hält allerdings heutigem Wissen nicht stand. Schüssler ging davon aus, daß die Mineralien in den erkrankten Zellen ihnen gleiche Moleküle aus der Umgebung anziehen – dann solle die Zelle geheilt sein. Die Biochemie nach Schüssler ist kein homöopathisches Verfahren und sollte – trotz der Herstellung nach dem homöopathischen Prinzip – nicht damit verwechselt werden. Die Arzneien werden nicht nach dem Ähnlichkeitsprinzip verabreicht. Schüssler selbst hat ausdrücklich darauf hingewiesen, daß er lediglich die hohen Verdünnungen aus der Homöopathie übernommen hat. Er ist bei seiner Entwicklung ganz dem Denken des Zellularpathologen Rudolf Virchow gefolgt, der in seinem Krankheitskonzept von der Dysfunktion der Zelle ausging. Damit hat er sich von seiner anfänglichen Hinwendung zur Homöopathie abgegrenzt. Die heute übliche Vermischung mit homöopathischen Arzneimittelbildern ist daher eine Verfälschung seines Ansatzes.

Kritische Bewertung und Grenzen

Die Grenzen dieser Behandlung liegen darin, daß notwendige und wirkungsvollere Behandlungen versäumt werden könnten. Die Therapie lädt mit ihren "Indikationsbroschüren" dazu ein, sich selbst zu behandeln. Menschen, die eine unzureichende Nierenfunktion haben, können sich zudem durch Kalium- oder Calciumeinnahme über längere Zeit gefährden.

Möglichkeiten

Leichte Mangelzustände und Mineralstoffwechselstörungen sind mit diesem Verfahren gut behandelbar.

Naturheilpraxen

Keine Praxis hat dieses Verfahren als Schwerpunkt angegeben.

Bioenergetische Diagnose- und Therapieverfahren:

Elektroakupunktur nach Voll
Regulationsthermographie
Bioresonanztherapie

Das Konzept

Diese Verfahren basieren auf der Annahme, daß Molekülverbände in den verschiedenen Geweben spezifische Schwingungen abgeben, die mit Hilfe technischer Geräte meßbar sind. Das "Diagnostische" daran ist die Hypothese, daß man gesunde von krankhaften Schwingungen unterscheiden könne. Das therapeutische Prinzip beruht demnach auf der Vorstellung, daß man krankhafte Schwingungen verändern oder harmonisieren und so in gesunde Schwingungen umwandeln könne. Bevor ein Patient im schulmedizinischen Sinne erkrankt, das heißt: bevor sich eine deutliche, nachweisbare Störung zeigt, die nicht mehr "funktionell" ist, sondern "organisch" wird, gibt es oft ein Stadium der Veränderung, des Unwohlseins, der Anfälligkeit. Schulmedizinisch läßt sich kein Befund erheben. Dies ist die typische Situation, in der sich Patienten und Therapeuten der Psyche als "Störenfried" körperlichen Wohlbefindens zuwenden. Und häufig vergeht dann noch eine ganze Zeit, bis sich tatsächlich eine deutliche körperliche

Krankheit entwickelt. Diese diagnostische und therapeutische Lücke versuchen nun die bioenergetischen Verfahren zu schließen.

Elektroakupunktur nach Voll

Der Arzt Reinhard Voll entwickelte diese Diagnoseform auf der Basis der Akupunkturpunkte und weiterer von ihm selbst festgelegter Punkte, die alle sehr nah unter der Haut liegen und sich deshalb durch ein anderes elektrisches Hautpotential von der Umgebung unterscheiden sollen. Das elektrische Potential mißt der Untersucher mit Hilfe eines Meßstiftes, der die Intensität des Potentials akustisch oder optisch anzeigt. Während der Untersuchung hält der Patient eine mit dem Gerät verbundene Elektrode in der Hand. In den Meßkreis kann auch eine Wabe eingeschaltet werden. Sie enthält Arzneimittel, Gifte oder Allergene, die auf diese Weise patientenbezogen ausgetestet werden sollen. Das Diagnoseverfahren zielt vor allem auf die Suche nach Herden oder Störfeldern ab, die die Gesundheit des Patienten einschränken oder vielleicht schon haben zusammenbrechen lassen. Unter "Herden" und "Störfeldern" versteht man vor allem chronische Entzündungen, Narben und wurzelbehandelte Zähne, die meist "stumm" sind und ihre belastenden Fernwirkungen in ganz anderen Bereichen entfalten können. Aber auch Gifte, die von innen oder von außen auf den Organismus einwirken, z.B. Quecksilber aus Amalgamplomben, können "Störfeldcharakter" haben. Das Gerät soll nun diese Herde, Gifte und andere Belastungen aufspüren und die geeigneten Heilmittel austesten. Je nachdem, welchen Charakter der Herd hat, steigt oder fällt der Zeiger von seiner Mittelstellung aus. Entzündliche Störungen werden durch ein Ansteigen der Werte, Degeneration durch Abfallen angezeigt. Beim allmählichen Abfallen auf niedrige Werte gilt dies als Hinweis auf eine Herdbelastung.

Regulationsthermographie

In den 50er Jahren führte der Arzt Dr. Ernst Schwamm diese Methode ein. An genau festgelegten Punkten wird ein Kontaktfühler aufgesetzt, um die Hauttemperatur zu messen. 60 Körperpunkte, 18 Mammathermographie-Punkte und 32 Punkte für Zahnthermogramme wurden festgelegt. Nach einer ersten Durchmessung wird ein Reiz gesetzt (der Patient sitzt 10 Minuten unbekleidet im Raum), und dann wird noch einmal gemessen. Die Fähigkeit des Organismus, angemessen auf Reize zu reagieren, wird durch diese Vergleichsmessung ermittelt – eine computergestützte Auswertung macht kleinste Differenzen erkennbar. Auch hier geht es in erster Linie um

Störfeldsuche, um die Beurteilung der Regulationsfähigkeit des Organismus, das Aufspüren entzündlicher und degenerativer Prozesse und eine Therapieverlaufskontrolle.

Bioresonanztherapie

Auch hier werden die Schwingungen des Patienten zunächst von einem Gerät aufgenommen. Das Konzept, daß Erkrankungen durch Störungen der körpereigenen elektromagnetischen Schwingungen entstehen können, wird hier direkt umgesetzt: der Patient bekommt die vom Gerät umgewandelten Schwingungen in harmonisierter oder entgegengesetzter Weise zurück. Auf diese Weise sollen die krankmachenden Eigenschwingungen des Patienten gelöscht und durch gesunde Schwingungen ersetzt werden. Manche Bioresonanztherapeuten stellen ihre Diagnose mit einem "Biotensor", das ist eine moderne Form der Wünschelrute, an deren Spitze ein Metallring sitzt. Durch ihre Schwingung soll sie anzeigen, welche Unverträglichkeiten oder Belastungen bestehen.

Kritische Bewertung und Grenzen

Die Behandlung mit Schwingungen ist bei vielen Patienten mit einer deutlichen Besserung verbunden. Wichtig ist aber, daß es nur zu einer echten Heilung kommen kann, wenn man die krankmachenden Faktoren durch eine andere Lebensweise wirklich ausschaltet. Die Therapien, die Schwingungen mit Hilfe von Magnetfeldimpulsen übertragen, sind gefährlich für Menschen mit:

- Herzschrittmachern
- Herzrhythmusstörungen
- bösartigen Tumoren
- bei einer vorliegenden oder vermuteten Schwangerschaft
- Menschen mit elektronischen Implantaten

Die Behandlung ist dann problematisch, wenn sie ohne fundiertes medizinisches Basiswissen durchgeführt wird, weil auch hier eine große Gefahr in der Unterlassung wichtiger anderer diagnostischer oder therapeutischer Schritte liegt.

Möglichkeiten

Die bioenergetischen Therapie- und Diagnoseverfahren kommen vor allem bei Störungen im funktionellen und seelischen Bereich zum Einsatz. Gerade diese Leiden werden in der Schulmedizin nicht erfaßt oder zeigen sich "therapieresistent". Besonders Allergiker berichten oft von erstaunlichen Veränderungen nach einer solchen Therapie. Die Hersteller der Geräte behaupten zwar, sämtliche Krankheiten innerer Organe aufspüren und beeinflussen zu können, die meisten Therapeuten sind da aber realistischer. Ihre positiven Erfahrungen stammen vor allem aus der Behandlung chronisch kranker Menschen und der vielen Patienten mit Funktionsstörungen verschiedenster Art.

Naturheilpraxen

Keine Praxis hat dieses Verfahren als Schwerpunkt angegeben.

Colonhydrotherapie

Das Konzept

Ein altes Sprichwort sagt: "Der Tod sitzt im Darm!" Viele Zivilisationskrankheiten gehen einher mit einem Ungleichgewicht der natürlichen Keimflora im Darm. Daß es hier eine gesunde Symbiose von unterschiedlichen Bakterien geben muß, damit unsere Abwehr funktioniert und daß eine unzureichende Entgiftung über den Darm unseren gesamten Organismus belasten kann, ist heute Allgemeingut geworden. Diese Zustände nennt man "Dysbiose", und mehrere therapeutische Ansätze beschäftigen sich mit der Behandlung dieser Ungleichgewichtszustände im Darm. Wenn schädliche Darmkeine überwiegen und nicht mehr von anderen Bakterien in Schach gehalten werden, dann kann es zu entzündlichen Reaktionen in der Darmwand kommen und damit zu einer erhöhten Durchlässigkeit. Die Toxine (Gifte) können nun ungehindert ins Blut gelangen und die Leber belasten. Die Colonhydrotherapie ist eine moderne Weiterentwicklung des Einlaufs, mit dessen Hilfe man Verstopfungsfolgen bekämpfen, Kotreste, Gift- und Abfallstoffe ausleiten kann, um dann den Darm beim Aufbau einer physiologischen Darmflora zu unterstützen. 10-12 Liter abwechselnd warmen und kühlen Wassers werden dem entspannt in Rückenlage liegenden Patienten abwechselnd durch ein Einflußröhrchen ohne Druck in den Darm gespült. Ein zweites Röhrchen sorgt für den Abtransport des gelösten Darminhaltes. Dies geschieht ohne Geruchsbelästigung, aber der Patient kann in den meisten Fällen durch eine Glasscheibe den abgeführten Darminhalt begutachten. Viele Behandler leiten danach noch Sauerstoff oder Ozon in den Darm ein, um schädliche Keime abzutöten und den Darm zu sanieren. Meist wird zu einer Serie von 15 solcher Darmwäschen geraten – manche Patienten lassen aber auch 40 Darmwäschen und mehr durchführen.

Kritische Bewertung und Grenzen

Die Colonhydrotherapie kann zu Krämpfen, Infektionen und Blutungen führen, wenn auch Zwischenfälle selten sind. Deshalb soll diese Therapie nicht durchgeführt werden, wenn chronische Darmerkrankungen vorliegen, vor allem nicht bei Colitis ulcerosa, Morbus Crohn, Hämorrhoiden, Divertikulitis und Darmkrebs. In all diesen Fällen kann es zu Blutungen und Verletzungen kommen. Außerdem sind dem Verfahren Grenzen bei Schwangeren, nach Fehlgeburten und bei frisch Operierten gesetzt.

Möglichkeiten

Die Darmwäsche kann bei Menschen mit Darmträgheit das Wohlbefinden vor oder während einer Ernährungsumstellung oder mikrobiologischen Behandlung steigern. Sie hinterläßt bei den meisten Patienten ein Gefühl der Entlastung und Reinigung. Tatsächlich ist der Einlauf ein starker vegetativer Reiz, der in den meisten naturheilkundlichen Therapien seinen Platz hat. Der Zustand des Darms läßt sich am besten durch eigene Aktivität und Lebensweise verändern. Die Colonhydrotherapie kann aber einen guten Einstieg bieten: sie reinigt, motiviert und verbessert deutlich den Allgemeinzustand.

Naturheilpraxen

Sonja Carstensen
Osterstraße 124, 20255 Hamburg
Telefon: 040-40171280, Telefax: 040-40171281
Weitere Verfahren: Bioelektrische Diagnoseverfahren
Niederlassung: 1997
Honorar: DM 30-150 pro Sitzung
Weitere berufliche Aktivitäten: Fasten-Wandern,
mobiler Massagedienst, Vorträge

Karen Dittner
Hohe Weide 7a, 20259 Hamburg
Telefon: 040-494910, Telefax: 040-494910
Weitere Verfahren: FRZ, AAV, OAKP, Rückenbehandlung nach Dorn
Niederlassung: 1993
Honorar: Erstkonsultation DM 120, CHT DM 140 pro Stunde,
andere Verfahren DM 20-45
Weitere berufliche Aktivitäten: –

Carmen A. Feil-Vorbeck
Heußweg 94, 20255 Hamburg
Telefon: 040-4912181, Telefax: 040-40171332
Weitere Verfahren: BBT, Massage, OAKP, Enderleintherapie, Dunkelfeldmikroskopie
Niederlassung: 1990
Honorar: Erstkonsultation DM 180, CHT DM 160, DM 10-120 andere Verfahren
Weitere berufliche Aktivitäten: Vorträge über Naturheilkunde und Trennkost

Ursula Räke
Bornheide 11, 22549 Hamburg
Telefon: 040-804827
Weitere Verfahren: ID, Harndiagnose, Darmsanierung
Niederlassung: 1993
Honorar: DM 15-45 pro Sitzung
Weitere berufliche Aktivitäten: Vorträge über Ernährung

Birgit Schelpmeier
Osterstr. 124, 20255 Hamburg
Telefon: 040-40171280, Telefax: 040-40171281
Weitere Verfahren: Bioelektrische Diagnoseverfahren
Niederlassung: 1997
Honorar: DM 30-150 pro Sitzung
Weitere berufliche Aktivitäten: Fasten-Wandern, mobiler Massagedienst, Vorträge

Martina Schult
Lessingstraße 19, 22087 Hamburg
Telefon: 040- 25491982, Telefax: 040-25491982
Weitere Verfahren: AAV, BBT, NT, HOM, AP
Niederlassung: 1998
Honorar: DM 15-45 pro Sitzung
Weitere berufliche Aktivitäten: –

Edelsteinmedizin

Therapeutische Mineralogie

Das Konzept

Die Therapie mit Edelsteinen ist uralt. Das Alte Testament berichtet von einem Hohepriester, dessen Brustschild edelsteinbewehrt war, Schamanen verwenden Edelsteine immer schon in ihren Ritualen, in der indischen Medizin kennt man Präparate aus verbrannten Edelsteinen, und Hildegard von Bingen beschreibt in der "Physika" die Wirkung der Edelsteine auf den Menschen. Ein einheitliches Konzept ist in der heutigen Therapie mit Edelsteinen nicht zu erkennen, da die Therapeuten sehr unterschiedlichen Ansätzen und Vorstellungen folgen. Es mischen sich esoterische, religiös und mystisch geprägte Anschauungen und magische Konzepte mit naturheilkundlichen Kenntnissen über die Wirkung verschiedener Mineralien auf den Menschen. Die Vorstellung, daß Edelsteine eine Kraft in sich tragen, die sich in den langen Zeiten ihres Entstehens in ihnen verankert habe, ist ebensowenig von der Hand zu weisen wie die Annahme eines sie umgebenden Energiefeldes, das man therapeutisch wirksam werden lassen kann. Immerhin macht sich auch die Technik elektromagnetische Eigenschaften der Edelsteine zunutze: man verwendet sie in Radios, Uhren und Lasergeräten. So wird in der Edelsteinmedizin sowohl mit der Idee einer schützenden Kraft gearbeitet, die von den Edelsteinen ausgeht und individuell eingesetzt wird, als auch mit der Einnahme mineralischer Substanzen.

Kritische Bewertung und Grenzen

Die Grenzen bestehen lediglich in der Unterlassung zusätzlicher diagnostischer und therapeutischer Schritte bei ernsten Erkrankungen und in der Einnahme pulverisierter oder veraschter Edel- und Halbedelsteine in giftigen Dosierungen.

Möglichkeiten

Die unterschiedlichen Möglichkeiten der Edelsteinmedizin haben ihre Quellen vor allem in der Hildegard-Medizin, der Kenntnis schamanischer Rituale, der anthroposophischen Medizin, der Naturheilkunde und der Homöopathie. Die meisten Therapeuten arbeiten in einem geschlossenen System von Kenntnissen und Anschauungen, so daß es keinen umrissenen Anwendungsbereich dieser Methode gibt. Vom Aufbau eines heilenden Energiefeldes durch Auflegen der Steine über die Nutzbarmachung der Kräfte als Umweltstabilisatoren bis zur Einnahme bestimmter Kristallessenzen oder homöopathischer Verdünnungen bei unterschiedlichen Krankheitsbildern steht diese Therapie außerhalb gängiger Erklärungsmodelle.

Naturheilpraxen

Claudia Cardinal
Brookkehre 11, 21029 Hamburg
Telefon: 040-7242420, Telefax: 040-7242214
Weitere Verfahren: Dunkelfeldmikroskopie, AAV, Innere Bilder, Blutsymbiose, Spagyrik
Niederlassung: 1993
Honorar: DM 70-90 pro Stunde
Weitere berufliche Aktivitäten: Forschung, Heilpraktikerausbildung

Energiearbeit:
Reiki und Geistheilung

Das Konzept

Das Konzept der energetischen Therapien geht davon aus, daß Lebensenergie, göttliche Energie oder kosmische Energie an einen Leidenden oder Kranken durch den Eingeweihten, den Reiki-Heiler, Geistheiler oder Schamanen weitergegeben werden könne.

Reiki

Der christliche Mönch Mikao Usui, im 19. Jahrhundert Lehrer an der Klosterschule in Kyoto, nannte die Kraft, mit der Jesus heilen konnte, "Reiki", das japanische Wort für "göttliche Energie". Er hatte sich zum Ziel gesetzt, diese Kraft zu finden, und in den 80er Jahren kam die Kunde vom "Reiki" über Amerika nach Europa. Die Methode des "Reiki" geht davon aus, daß durch Handauflegen nach einem bestimmten Ritual an verschiedenen Stellen des Körpers der blockierte Energiefluß geheilt werden könne. Der Heiler geht dabei in tiefe Konzentration mit der Vorstellung, dabei kosmische Energie aufzunehmen und weiterzugeben. Die Behandlungen finden in friedlicher, stiller Atmosphäre statt, dauern etwa eine Stunde und führen oft zu einem in tiefer Entspannung erlebten Wärmegefühl bei den Patienten.

Die Methode wird auch für die Selbstbehandlung und Fernbehandlung eingesetzt. Fernbehandlungen sind Ärzten und Heilpraktikern allerdings gesetzlich verboten.

Kritische Bewertung und Grenzen

Der Einsatz von Reiki in lebensbedrohlichen Zuständen oder als Fernbehandlung ist fahrlässig. Bei ernsthaft erkrankten Patienten sollten andere Maßnahmen selbstverständlich sein. So gesehen ist Reiki keine "alternative" Heilmethode, sondern ein zusätzliches Angebot. Kritiker sehen im dreistufigen "Einweihungsverfahren" einen Widerspruch zum göttlichen Aspekt dieser Behandlung : Der Meister legt dem Schüler die Hände auf und läßt die göttliche Energie in ihn einströmen, dann ist sie im Schüler "versiegelt" und immer verfügbar. Viele Tausend DM kostet die Einweihung für den III. Grad.

Möglichkeiten

Es gibt kein definiertes Feld für diese Therapie. Die Möglichkeiten können in der Stärkung des Patienten liegen, in der heilsamen Kraft intensiver Zuwendung und in der speziellen therapeutischen Beziehung zwischen Patient und Heiler. In dieser Konstellation besteht die Chance, die Kräfte eines Patienten so anzuregen, daß Heilung möglich wird.

Naturheilpraxen

Doris Claussen
Kiesselbachweg 25, 22399 Hamburg
Telefon: 040- 6064480
Weitere Verfahren: BBT, BCS
Niederlassung: 1997
Honorar: DM 50-80 (30 Minuten)
Weitere berufliche Aktivitäten: –

Ildiko Kühl
Himmelstraße 30, 22299 Hamburg
Telefon: 040-5111005, Telefax: 040-511005
Weitere Verfahren: BBT
Niederlassung: 1990
Honorar: DM 90 pro Stunde
Weitere berufliche Aktivitäten: –

Geistheilung

Das Konzept

Geistheiler und Schamanen verbindet ein ähnliches Ziel: Durch einen "Schock" soll das Krankmachende, das meist mit dem "Bösen" assoziiert ist, vertrieben werden. Dieser Schock soll den Patienten gleichzeitig befähigen, aus der passiven Haltung des Leidenden in die aktive, kämpferische Situation dessen zu gelangen, der seine Selbstheilungskräfte mobilisiert und sein Leben wieder in die Hand nimmt.

Kritische Bewertung und Grenzen

Die Grenzen liegen in der mangelnden medizinischen Kenntnis vieler Geistheiler, in der Gefahr, etwas zu verhindern, das hilfreich sein könnte, denn Geistheiler dürfen ihrer inneren Haltung entsprechend nicht eigenmächtig Leben verlängern, das "nicht für eine Verlängerung vorgesehen ist". Mit dieser Haltung läuft der Therapeut allerdings Gefahr, sich selbst als quasi omnipotente Instanz zu installieren, der der Patient und unter Umständen auch seine Angehörigen blind folgen. Gegen manche Geistheiler spricht die Entwicklung einer Abhängigkeit des Patienten von ihrer Person. Solche Tendenzen sind immer vom Heiler zu verantworten, gleichgültig, welche "Struktur" sein Patient hat.

Laut Urteil des Bundesverwaltungsgerichts (AZ 3 C 45/91) von 1995 wurde nochmals festgestellt, daß jede Person, die einen anderen Menschen von einer Beschwerde befreien will, dazu der Erlaubnis bedarf: Dies wurde ausdrücklich auch für Geistheiler festgelegt.

Möglichkeiten

Die spirituelle und tiefe Wechselbeziehung zwischen Heiler und Patient kann Heilungen bewirken oder Menschen gestärkt durch wiedergewonnene Hoffnung und Bereitschaft zur Veränderung aus ihrer Therapie entlassen.

Naturheilpraxen

Lars Ole Giza

Hansastr. 60, 20144 Hamburg, Telefon: 040-417170

Weitere Verfahren: EA, HYT, Auradiagnose

Niederlassung: 1997

Honorar: DM 170 (100-120 Minuten), DM 100 (50-60 Minuten)

Weitere berufliche Aktivitäten: Meditationskurse

Alexander Jagdhold
Mittelweg 151, 20148 Hamburg, Telefon: 040-442732
Weitere Verfahren: HYT, PT, HOM, AKP
Niederlassung: 1978 / Honorar: DM 60-120 pro Sitzung
Weitere berufliche Aktivitäten: –

Berndt-Dieter Neht
Allerskehre 10, 22309 Hamburg
Telefon: 040- 6300435, Telefax: 040-6300435
Weitere Verfahren: BRT / Niederlassung: 1981
Honorar: DM 60-90 pro Stunde
Weitere berufl. Aktivitäten: Seminare, Vorträge, Buchautor, Forschung

Sarah Rodeck
Hansastr. 60, 20144 Hamburg, Telefon: 040-417170
Weitere Verfahren: EA, HYT, Auradiagnose
Niederlassung: 1997
Honorar: DM 170 (100-120 Minuten), DM 100 (50-60 Minuten)
Weitere berufliche Aktivitäten: Meditationskurse

Birgit Wagener
Isestraße 16, 20144 Hamburg
Telefon: 040-4202257, Telefax: 040-4202257
Weitere Verfahren: – / Niederlassung: 1994
Honorar: DM 120 pro Stunde
Weitere berufliche Aktivitäten: Vorstand im Dachverband Geistiges Heilen e.V.

Heilmeditation

Naturheilpraxen

Katin Reger
Jarrestraße 42, 22303 Hamburg, Telefon: 040-274243
Weitere Verfahren: Haarmineralstoffanalyse, Dunkelfeldmikroskopie, Sauerstofftherapie, ID
Niederlassung: 1989
Honorar: Erstkonsultation DM 80, Folgekonsultationen DM 50-150
Weitere berufliche Aktivitäten: –

Entspannungstechniken:
Autogenes Training

Das Konzept

Das Autogene Training ist eine Entspannungstechnik, die auf Selbstsuggestion beruht. Nicht jeder Mensch ist geeignet für diese Methode. Wenn man aber motiviert ist, eine gute Verbindung zu seinem Trainer hat und nicht vorschnell aufgibt, kann das Erlernen einer Entspannungstechnik sehr hilfreich sein. Beim Autogenen Training geht es um die Konzentration auf bestimmte Vorstellungen, die dabei auch gesprochen werden. Am Anfang stehen Übungen wie: "Der rechte Arm wird schwer", "der rechte Arm wird warm", "der rechte Arm wird warm und schwer". Diese Gefühle stellen sich bei regelmäßigem Üben – 15 Minuten täglich werden empfohlen – auch schnell ein. Einmal in der Woche wird über 8 Wochen hinweg etwa in einer Gruppe mit dem Therapeuten trainiert, dann beherrscht man die Grundübung und kann eine Muskelentspannung im ganzen Körper erreichen. Fortgeschrittene können auch seelische Vorgänge durch das Erleben innerer Bilder positiv beeinflussen.

Kritische Bewertung und Grenzen

Mit Entspannungsübungen sollte man nicht versuchen, seine Probleme zu lösen. Die "Flucht" in das Wohlgefühl der Entspannung kann bei Selbstwertkonflikten, schweren Depressionen und Süchten die Initiative eher lähmen. Auch bei selbstmordgefährdeten Menschen sind diese Techniken nicht hilfreich.

Möglichkeiten

Diese Technik ermöglicht wirksame Hilfe bei

- Schlafstörungen und Unruhezuständen
- Ängsten
- Schmerzen (aber nicht schweren Angstneurosen)
- vegetativen Störungen: niedriger Blutdruck, funktionellen Herzbeschwerden, Verdauungsstörungen
- Juckreiz z.B. bei Neurodermitis

Weitere Entspannungstechniken:

Muskelentspannung (Relaxation) nach Jacobson

Eine Methode, die sich gut eignet, um akute Streßsituationen bewältigen zu lernen. Das Prinzip besteht im Einüben von Anspannung und Entspannung. Ansonsten gelten die gleichen Indikationen wie für das Autogene Training. Interessant ist, daß dieses Verfahren von vielen Patienten und Therapeuten als viel wirksamer beschrieben wird, obwohl das autogene Training nicht nur bekannter, sondern auch anerkannter ist.

Biofeedback

Mit Hilfe eines Biofeedbackgerätes bekommt der Übende unmittelbar durch unterschiedliche Signale, die das Gerät aussendet, Rückmeldung über Spannungszustände. So werden bisher unbewußte Körperzustände., die zu Verspannung und Schmerz oder Angst geführt haben, bewußt und damit steuerbar. Eine Methode, mit der sich sogar der erhöhte Blutdruck, asthmatische Beschwerden und Herz- Kreislaufstörungen günstig beeinflussen lassen.

Eutonie

Diese Therapie, die sich eigentlich als eine pädagogische Unterweisung versteht, ist von Gerda Alexander entwickelt worden, um Menschen zu größtmöglicher Ausgeglichenheit zu verhelfen. Der Weg ist – wie bei allen Entspannungstechniken – ein Übungsweg, der eine neues Körperbewußtsein anstrebt durch Wahrnehmung der eigenen Bewegungsabläufe und Haltungen, die erst dann bewußt verändert werden können.

Naturheilpraxen

Arend F. J. Förster
Heidlohstraße 103a, 22459 Hamburg
Telefon: 040-5503081
Ausschließlich Seminare für Autogenes Training
Keine sonstige Praxistätigkeit

Farbtherapien

Das Konzept

Farbtherapie ist nicht erst in unserem Jahrhundert erfunden worden. Schon in grauen Vorzeiten wurden Farben als magische Heilmittel eingesetzt. Im alten China und Ägypten bestrich man Patienten, die eine Darmkrankheit hatten, mit gelber Farbe. Herzkranke wurden in rote Tücher gehüllt, und Epileptiker in violette. Noch heute ist es in der Volksheilkunde einiger Regionen Brauch, eine blaue Schürze um rheumatisch schmerzende Gelenke zu binden. Organen und Krankheiten wurden in vielen Kulturen Farben zugeordnet. So verwundert es nicht, daß schon seit der Jahrhundertwende Wissenschaftler die Wirkung von Farblicht verschiedener Wellenlänge, also unterschiedlicher Farben, auf Menschen, Tiere und Pflanzen erforschen. Farben werden immer häufiger therapeutisch eingesetzt: als Bestrahlung mit Geräten, Eichotherm-Bestrahlung oder Colortherapie genannt, als Farbakupunktur oder im Zusammenhang mit der esogetischen Medizin nach Peter Mandel. Seine Vorstellung ist, daß den verschiedenen Wellenlängen der Farben unterschiedliche Eigenschaften zugeordnet werden können. Die Idee, mit Hilfe farbigen Lichts oder anderer Farbeinwirkungen auf Menschen heilerischen Einfluß zu nehmen, hat viele therapeutische Ansätze hervorgebracht und ebenso viele Erklärungsversuche. Je nach Schule zieht man den Lüscher-Persönlichkeitstest heran (1949 entwickelte der Psychologe Max Lüscher diesen Test) oder Vorstellungen aus der Farbmystik, aus Goethes Farbenlehre oder der chinesischen und ayurvedischen Medizin. Alle diese Erklärungen sind aber immer herausgegriffen aus ganzheitlichen, in sich geschlossenen Systemen und kaum als Begründung für eine Farbtherapie ausreichend. Andere wieder behaupten, die Farbtherapie aktiviere Cytochrome, kleine Teilchen, die in den Körperzellen an der Energiegewinnung beteiligt sind. Wieder andere huldigen der Biophotonen-Theorie: Zellen sollen danach über Photonen ganze Informationsfelder bilden, die durch die entsprechenden Farbeinflüsse behandelt werden können. Und einige Heiler können eine farbige Aura um ihre Patienten sehen, die dann Störungen zugeordnet werden kann. All die bemühten Erklärungen verwirren eher, als daß sie Licht in diese Therapie bringen. Die Erfahrung mit Farben spricht für sich und gewinnt in der Therapie immer mehr an Bedeutung – so in der kreativen Farbtherapie, die die Anthroposophen einsetzen, indem sie ihre Patienten zum Malen mit Farben auffordern. Im Zusammenhang mit psychotherapeutischen Konzepten wird der künstlerische Umgang mit Farben immer mehr als wirksamer Weg anerkannt.

Kritische Bewertung und Grenzen

Die Farbtherapien sind nicht schädlich. Auch hier gilt es, als Heiler verantwortungsvoll mit eventuellen schweren Krankheiten umzugehen und nicht allein auf den positiven Einfluß der Farbtherapie zu setzen.

Möglichkeiten

Farblichtsitzungen werden vor allem bei funktionellen Störungen und zur Beeinflussung der Emotionen eingesetzt. Die kreative Therapie mit Farben fördert die Bewußtseinsbildung und den persönlichen Ausdruck – beides wichtige Elemente der Psychotherapie.

Naturheilpraxen

Uta Livonius

Lindensteg 5, 21465 Reinbek, Telefon: 040-7221720

Weitere Verfahren: HOM, BBT, OMM

Niederlassung: 1994

Honorar: DM 30-250 pro Sitzung

Weitere berufliche Aktivitäten: Vorträge und Seminare

Gesprächstherapien

Das Konzept

Für die Darstellung der Gesprächstherapie im Sinne einer gezielten Psychotherapie ist dieses Buch nicht der richtige Ort. Hier geht es um unterschiedliche Therapien, in denen das Gespräch den Kern bildet. Wenn man an den Satz des Asklepios von Thessalien denkt, der vor etwa 3000 Jahren formuliert wurde, dann wird verständlich, daß ein aufmerksam und zugewandt geführtes Gespräch Therapie ist: "Zuerst das Wort – dann die Pflanze – zuletzt das Messer". Man könnte es heute etwas umformulieren, weil die Möglichkeiten sich verändert haben: "Zuerst das Wort – dann das natürliche (pflanzliche) Heilmittel – dann die Chemotherapie – zuletzt das Messer". Therapie mit und durch das Gespräch bildet auch den Kern der modernen Gesprächstherapien, von denen die bei uns bekannteste und etablierteste die von Carl Rogers entwickelte Therapie ist. Sie enthält alle Elemente des mitmenschlichen, echten, warmherzigen Einfühlens und führt weg vom bloßen "Spiegeln" durch mehr oder weniger emotionsloses Wiedergeben des eben Mitgeteilten. Insofern kann diese Art der therapeutischen Gesprächsführung modellhaft darstellen, was Gesprächstherapie bewirken will. Rogers geht davon aus, daß jedem Menschen individuelle Kräfte zur Lösung seiner Probleme zur Verfügung stehen. Der Patient hält den Schlüssel zu seiner Heilung in den Händen. Die Voraussetzung für eigene Schritte in Richtung Heilung sind Sicherheit und Geborgenheit in der Beziehung zum Therapeuten. Das setzt auf seiten des Behandlers vor allem Wärme und die Fähigkeit zum emotionalen Mitschwingen voraus. Er soll die gefühlsmäßigen Inhalte wahrnehmen, sich ermutigend, gewährend, echt und nicht wertend verhalten. Im Forschungsansatz von Rogers spielt das Selbstkonzept (das Bild, das ein Mensch von sich selbst in der Welt hat) eine große Rolle. Für ihn ist der Mensch ein auf Wachstum und Entfaltung ausgerichtetes Wesen, das allerdings Erfahrungen, die nicht ins Selbstkonzept passen, weil sie zu kränkend, erniedrigend oder erschreckend sind, verzerrt oder gar nicht wahrnimmt. Das heißt aber immer, daß ein Stück Realität ausgeblendet werden muß. Dieser Vorgang kostet Kraft, deformiert und macht Angst. Für Rogers ist es deshalb wichtig, den Patienten so zu stärken und zu ermutigen, daß er selbst langsam diese Erfahrungen integrieren kann. In diesen Prozeß soll der Therapeut möglichst nicht mit Interpretationen eingreifen. Getreu dem Grundsatz: der Patient weiß alles, der Therapeut nur wenig. Zentrum aller Gesprächstherapien ist also die Patient-Therapeut-Beziehung. Rogers hat sich während seiner gesamten Arbeit um eine wissenschaftliche Kontrolle bemüht, und es zeigte sich, daß die Gesprächstherapie immer dann heilsam sein konnte, wenn ein warmer, tragfähiger zwischenmenschlicher Kontakt zwischen Patient und Therapeut zustande kam.

Kritische Bewertung und Grenzen

Von "Grenzen" kann man im Zusammenhang mit dem therapeutischen Gespräch nur dann sprechen, wenn es als alleinige Therapieform einer schweren körperlichen Erkrankung nicht gerecht wird und wichtige zusätzliche Maßnahmen versäumt werden.

Möglichkeiten

In der Naturheilpraxis werden therapeutische Gespräche vor allem dazu dienen, die Patienten zu stärken, ihnen zu helfen, Hoffnung zu schöpfen oder wichtige Entscheidungen für sich zu fällen, Angst zu überwinden oder mit ihrer Krankheit und ihrem Leben fruchtbarer umzugehen. Der Dialog vermag auch Schmerz zu dämpfen. Das therapeutische Gespräch ist ein spirituelles Heilmittel, es wendet sich an Geist und Seele des Patienten, von denen starke Wirkungen auf den Körper ausgehen. Das ist spätestens durch die Psychosomatik wieder ins Bewußtsein des Menschen gerückt. Das "Wort" erfaßt uns Menschen außerdem auf einer anderen Seinsebene als beispielsweise eine Arznei oder eine Berührung. So ist eine Behandlung, die den Anspruch auf "Ganzheitlichkeit" erhebt, ohne die Kraft des Gesprächs kaum denkbar.

Naturheilpraxen

Elke Krenz
Börnestraße 40, 22089 Hamburg
Telefon: 040-2099652
Weitere Verfahren: BBT, PT, EA
Niederlassung: 1996
Honorar: DM 80 pro Stunde
Weitere berufliche Aktivitäten: –

Beate Krafft
Schenefelder Landstraße 51b, 22587 Hamburg
Weitere Verfahren: HOM, FRZ, BBT, EA
Niederlassung: 1996
Honorar: DM 50 (30 Minuten), DM 90 pro Stunde
Weitere berufliche Aktivitäten: –

Homöopathie

Klassische Homöopathie

Die große Mehrzahl der Heilpraktiker arbeitet mit Homöopathie, und eine große Anzahl naturheilkundlich orientierter Ärzte und Allgemeinmediziner setzt ebenfalls homöopathische Mittel ein. Von den uns zugegangenen Fragebögen waren die meisten mit dem Methodenschwerpunkt "Homöopathie" gekennzeichnet. Daß dieser Text etwas ausführlicher ausfällt, hängt mit dem wachsenden Informationsbedürfnis der Patienten einerseits und der zunehmenden Vielfältigkeit homöopathischer Ansätze andererseits zusammen und soll keine Überbewertung dieses Verfahrens darstellen. Kein anderes Verfahren kennt so viele Schulen wie die Homöopathie, ist in so viele Ansätze integriert worden, wird so häufig angeboten.

Die Homöopathie ist definitionsgemäß kein Gebiet der Naturheilkunde, da sie sich nicht nur natürlicher Mittel bedient. Sie nimmt daher einen vollkommen gesonderten Platz ein.

Das Konzept

"Homöopathie" – dieser Begriff wird heute für viele therapeutische Wege benutzt, die mit Homöopathie herzlich wenig zu tun haben. Ein homöopathisch zubereitetes Mittel macht noch keine Homöopathie, und die Wege, auf denen homöopathische Mittel gefunden und verabreicht werden, sind inzwischen fast so vielfältig wie ihre Anwender. Sogar für rein pflanzliche Naturheilmittel wird der Begriff "Homöopathie" gebraucht: für den Laien ein inzwischen undurchdringlicher Dschungel. Die Homöopathie als Therapie zeichnet aus, daß sie keine Mittel "gegen" spezielle Krankheiten kennt, sondern nur Arzneien für einen bestimmten Menschen in einem bestimmten körperlichen und emotionalen oder auch geistigen Zustand. Deshalb auch der Begriff: "Homoios" kommt aus dem Griechischen und bedeutet "Gleiches". Der Begründer dieses Verfahrens, Samuel Hahnemann, stieß auf den Zusammenhang, daß Arzneien, die bei einem Gesunden bestimmte Symptome auslösen, aber auch Gifte, die spezielle Vergiftungsbilder hervorrufen, bei Kranken mit den gleichen Krankheitszeichen in der Lage sind, einen Heilungsprozeß anzustoßen. Die Theorie, die er zur Erklärung dieses Phänomens heranzog, war die einer "Kunstkrankheit", die – durch das homöopathisch ausgewählte Mittel ausgelöst – den Körper zu einer Gegenreaktion bewegt, die sich dann auch gegen die "gleiche" natürliche Krankheit richtet. Dabei verwendete er zunächst die puren Substanzen, die teilweise recht giftig waren. Sie halfen seinen Patienten zwar, waren aber teilweise in ihren Giftwirkungen zu stark. So entschloß sich Hahnemann, zu verdünnen. Als Arzt, Apotheker, Chemiker und Übersetzer der zeitgenössischen pharmazeutischen Literatur war er vertraut mit Substanzen und ihren Wirkungen. Und so war ihm klar, daß von einer bestimmten Verdünnung an die Mittel keine Wirksamkeit mehr besitzen konnten, weil sie kein einziges Teilchen der Ausgangssubstanz mehr enthielten. Aus Gründen, die kaum nachvollziehbar sind und bis heute auch durch Physik und Kybernetik-Modelle nicht befriedigend beantwortet werden können, entschloß er sich, zwischen jeden Verdünnungsschritt eine bestimmte Anzahl von "Schüttelschlägen" oder "Verreibungen" zu legen. Heute geht man vom Modell der Übertragung von Strukturen auf die Verdünnungs- oder Verreibungssubstanz aus, die von Homöopathen gern als "Information" oder "Molekularresonanz" bezeichnet werden. Aber solche Insiderbegriffe sind verwirrend, weil sie oft in der Wissenschaft eine ganz andere Bedeutung haben. All diese Modelle lassen sich bisher einfach nicht wissenschaftlich bestätigen, so daß die Homöopathie nach wie vor ein in sich geschlossenes System mit einer inneren Logik bleibt, die von außen betrachtet unwissenschaftlich, fast magisch anmutet. Der Einwand der Kritiker: "Der Tropfen im Bodensee" trifft deshalb die Verdünnungs- und Potenzierungsmethode nur vordergründig – die letzten Zusammenhänge liegen eben für alle Beteiligten noch im Dunkeln.

Daß die Homöopathie Eingang in die Medizin gefunden hat, ist sicher einerseits der Hartnäckigkeit zu verdanken, mit der Patienten und Heiler über die Zeit an ihr festgehalten haben, andererseits den unbestreitbaren, aber unerklärbaren Erfolgen dieser Therapie. Hahnemann selbst sagt, er finde keine Erklärung für das Phänomen, daß die Mittel in derartigen Verdünnungen zwar in ihrer Giftwirkung gemindert, aber durch Verreiben und Verschütteln in ihrer heilsamen Wirkung viel kraftvoller seien. Er fordere auch keinen "blinden Glauben" dafür und traue nur seinen Erfahrungen. Er selbst setzte seiner Therapie strenge Grenzen, teilte die Krankheiten in homöopathisch heilbare und homöopathisch unheilbare Krankheiten ein, gab genaue Anweisungen, die in dem Satz gipfelten : "Macht's nach – aber macht's genau nach!" – Davon ist die heutige Homöopathie weit entfernt. Jede Schule legt Hahnemann anders aus, fügt etwas hinzu oder läßt etwas weg, was nicht ins eigene Konzept paßt. Immer noch gibt es Homöopathen, die glauben, mit Homöopathie sei alles heilbar.

Als Patient sollten Sie sich vor Aufnahme einer homöopathischen Therapie daher erkundigen, ob nach den Regeln der Klassischen Homöopathie gearbeitet wird oder eine andere homöopathische Mittelwahl stattfindet. Der Klassische Homöopath benötigt eine schulmedizinische Diagnose, wird also untersuchen oder eine Untersuchung anraten, wenn eine solche noch nicht vorliegt, um die zur Krankheit gehörigen Symptome von den individuellen Symptomen trennen zu können. Dies gilt vor allem für Patienten mit chronischen Krankheiten. Dann beginnt eine lange ausführliche Anamnese, die über das bloße Abfragen der Krankengeschichte und der Symptomatik weit hinausgeht und Stunden in Anspruch nehmen kann. Die Auswahl des Mittels ist ein dann mühsames Erforschen der Arzneien, die diese ungewöhnlichen Symptome bei Gesunden hervorbringen. Dazu benutzt der Klassische Homöopath dicke Bücher oder einen Computer, braucht aber auch die Kenntnis der Arzneien selbst. Diese Kleinarbeit schreckt viele Therapeuten ab und hat zu allen möglichen Versuchen geführt, die Wege abzukürzen und die Mittel auf anderen Wegen zu finden, z.B. über Testungen und Pendeln. Hahnemann hat ausdrücklich davor gewarnt, die Mittel nicht nach homöopathischen Kriterien herauszusuchen. Der Patient braucht für jedes Stadium seiner chronischen Krankheit ein spezielles Mittel. Die Therapie ist unter Umständen langwierig – wenn sich der Erfolg dann einstellt, ist er aber meist von Dauer. Man kann es vielleicht auf die Kurzformel bringen: Das Wesen der Homöopathie besteht nicht in hohen Potenzen und Verdünnungen, sondern in der streng homöopathisch gewählten, nach dem Gleichheitsgrundsatz gefundenen Arznei.

Kritische Bewertung und Grenzen

Die Grenzen hat Hahnemann selbst klar gesteckt. Alle Erkrankungen, bei denen es zu geweblichen organischen Veränderungen gekommen ist, wo also Strukturen fehlen oder ein Umbau stattgefunden hat, sind homöopathisch nicht heilbar. Hahnemann nennt diese Krankheiten "Endzustände", was heute nicht bedeutet, daß sie nicht grundsätzlich behandelbar sind. Deshalb ist es für den Homöopathen so wichtig, die Diagnose zu kennen. Auch viele Erkrankungen, die sich unter Medikamenten – auch zu häufigen homöopathischen Arzneigaben – entwickelt haben oder auf bestimmte Art vorbehandelt wurden, zählt Hahnemann zu den homöopathisch unheilbaren Krankheiten. Für Krebserkrankungen gibt er zwar hilfreiche Mittel an, doch bietet heute der medizinische Fortschritt für Tumore selbst wirksamere Therapien. Vorsicht ist geboten, wenn Krankheiten über Jahre behandelt werden und sich kein bleibender Erfolg einstellt. Hier wird oft unter der Maßgabe, das richtige Mittel sei noch nicht gefunden, zu lange gewartet. Es darf bei chronischen Krankheiten langsam gehen, aber es muß sich eine klare Tendenz zeigen. Zu den Krankheiten, die aus homöopathischer Sicht als "Endzustände" gelten, gehören auch:

- der stabile essentielle Bluthochdruck, der immer mit einem Gefäßumbau einhergeht
- Diabetes Typ I, wenn er nicht unmittelbar vor Beginn der Therapie entstanden ist
- Lungenemphysem
- Herzinsuffizienz
- rheumatische Erkrankungen, bei denen schon Gelenkumbau stattgefunden hat

Ganz und gar dem homöopathischen Grundsatz widersprechen die verbreiteten "Impfungen" gegen Infektionskrankheiten durch Einnahme eines homöopathischen Mittels. Hier wird die Grenze zur Scharlatanerie eindeutig überschritten.

Möglichkeiten

Die Domäne der Homöopathie sind chronische Krankheiten und akute Erkrankungen mit einer klaren auslösenden Ursache. Homöopathische Heilungsprozesse lassen sich überdies gut unterscheiden von Placeboeffekten. Die diffuse, schnelle Besserung bei Placeboeffekten ist nicht vergleichbar mit der immer in ganz bestimmten Schritten ablaufenden homöopathischen Besserung. Über die Mittelwirkung hinaus hat die Klassische Homöopathie durch ihre hohe Bewertung subjektiver Symptome und ihre anamnestische Gesprächsführung auch eine gesprächstherapeutische Wirkung, die von der Mittelwirkung manchmal schwer zu trennen ist und sich nur bei Säuglingen und Tieren immer wieder unverfälscht zeigt. Bei nicht mehr durch Fremdeinflüsse heilbaren Krankheiten kann die Homöopathie "palliativ" wirken, das heißt: die Patienten fühlen sich seelisch besser, können ihren Zustand besser annehmen und empfinden die Schmerzen als erträglicher. Das gilt auch für die sogenannten "Endzustände".

Naturheilpraxen

Christian Aegerter
Schwarzenbergstraße 36, 21073 Hamburg
Telefon: 040-7666587
Weitere Verfahren: RZT, Klassische Massage, OAKP, körperzentrierte Psychotherapie
Niederlassung: 1995
Honorar: Erstkonsulatation DM 160, Folgekonsultationen DM 80
Weitere berufliche Aktivitäten: Dozent an der Volkshochschule, Vorträge und Seminare zum Thema Klassische Homöopathie

Susann Beecken
Barnerstraße 30, 22765 Hamburg
Telefon: 040-393007
Weitere Verfahren: Psychotherapeutische Heilbehandlung
Niederlassung: 1993
Honorar: Erstkonsultation DM 200, Folgekonsultationen DM 100
Weitere berufliche Aktivitäten: –

Carola Bias
Am Felde 2, 22765 Hamburg
Telefon: 040-65491209 p.A. Praxis Cora Rohlf-Grimm
Weitere Verfahren: AAV, PT
Niederlassung: 1998
Honorar: Erstkonsultation DM 150-200, Folgekonsultationen DM 80-120
Weitere berufliche Aktivitäten: Informations- und Fortbildungsveranstaltungen für interessierte Laien und Institutionen

Charlotte Bunsen
Mittelweg 121, 20148 Hamburg
Telefon: 040-440221, 440177, Telefax: 040-417134
Weitere Verfahren: Therapeutisches Gespräch, Pflanzenheilkunde
Niederlassung: 1981
Honorar: Erstkonsultation DM 270, Folgekonsultationen: DM 120
Weitere berufliche Aktivitäten: Leitung des Hamburger Institutes für Klassische Homöopathie
Universitätsklinik Hamburg-Eppendorf: Vorlesungen zur Klassischen Homöopathie

Angelika Dahl-Kassai
Heimweg 3, 20148 Hamburg
Telefon: 040 58917270
Weitere Verfahren: FRZ, BBT
Niederlassung: 1998
Honorar: Erstkonsultation DM 200, Folgekonsultationen DM 100
Weitere berufliche Aktivitäten: –

Angela Domroes
Ulmenau 25, 22087 Hamburg
Telefon: 2273077
Weitere Verfahren: AAV, BBT, Traumarbeit nach C.G.Jung
Niederlassung: 1997
Honorar: Erstkonsultation: DM150, Folgekonsultationen DM 100, Traumarbeit: DM 150
Weitere berufliche Aktivitäten: Seminare

Angelica Düssler
Schneisenstraße 13, 22145 Hamburg
Telefon: 040-6799067, Telefax: 040-6799067
Weitere Verfahren: BBT, FRZ, Psychotherapie
Niederlassung: 1996
Honorar: Psychotherapie in Verbindung mit Homöopathie: DM 110
Weitere berufliche Aktivitäten: –

Majid Faharat
Eppendorfer Landstraße 105, 20251 Hamburg
Telefon/Telefax: 040-470303
Weitere Verfahren: PT, FRZ
Niederlassung: 1997
Honorar: Erstkonsultation DM 120, Folgekonsultationen DM 70
Weitere berufliche Aktivitäten: –

Ulrike Frese
Palmaille 29, 22767 Hamburg, Telefon: 040-38619359
Weitere Verfahren: Gestalttherapie, NHV
Niederlassung: 1997
Honorar: Erstkonsultation DM 150-250, Folgekonsultationen DM 100
Weitere berufliche Aktivitäten: –

Christoph Frieling
Baron-Voght-Straße 82, 22609 Hamburg
Telefon: 040-827756, Telefax: 040-827756
Weitere Verfahren: Lösungsorientierte Kurzzeittherapie
Niederlassung: 1987
Honorar: Erstkonsultation DM 120-360,
Folgekonsultationen DM 60-120 nach Absprache
Weitere berufliche Aktivitäten: Mitarbeit im Homöopathie Forum e.V., umfangreiche Dozenten- und Seminartätigkeit

Christa Gerwin
Lüdemannstraße 6, 22607 Hamburg, Telefon: 040-894677
Weitere Verfahren: –
Niederlassung: 1990
Honorar: Erstkonsultation DM 30-80, Folgekonsultationen DM 30-80
Weitere berufliche Aktivitäten: Ausbildung zum Heilpraktiker

Tamara Graf
Blankeneser Bahnhofstraße 29, 22587 Hamburg, Telefon: 040-860494
Weitere Verfahren: APM, BBT, FRZ / Niederlassung: 1989
Honorar: DM 90 pro Stunde
Weitere berufliche Aktivitäten: Dozentin, Ausbildungsleiterin, Vorträge

Marietta Habermann
Baben de Heid 14, 22149 Hamburg
Telefon: 040-6735152, Telefax: 040-67391423
Weitere Verfahren: AKP
Niederlassung: 1993
Honorar: Pro Stunde DM 90
Weitere berufliche Aktivitäten: Vorträge und Kurse an der Volkshochschule und Familienbildungsstätte

Freya Harms
Eichenstraße 50, 20255 Hamburg
Telefon: 040-407011, Telefax: 040-493118
Weitere Verfahren: Gesprächstherapie
Niederlassung: 1996
Honorar: Erstkonsultation DM 140-180, Folgekonsultationen DM 90-120
Weitere berufliche Aktivitäten: –

Pia Heckel-Börner
Heimweg 3, 20148 Hamburg, Telefon: 040-45035139
Weitere Verfahren: NHV
Niederlassung: 1998
Honorar: Erstkonsultation (2 Termine) DM 250, Folgekonsultationen DM 100
Weitere berufliche Aktivitäten: Allgemeinmedizinischer Unterricht an verschiedenen Heilpraktikerschulen

Angela Heeschen
Wittekopsweg 33, 22415 Hamburg
Telefon: 040-5315595 und 040-53320215, Handy: 0177-3327536
Weitere Verfahren: – / Niederlassung: 1995
Honorar: Erstkonsultation DM 250, Folgekonsultationen bis 1 Stunde DM 70, mehrere Stunden DM 150
Weitere berufliche Aktivitäten: –

Jutta Holtmann
Eppendorfer Landstraße 105, 20251 Hamburg
Telefon: 040-46960170, Telefax: 040-487580
Weitere Verfahren: Autogenes Training
Niederlassung: 1997
Honorar: Erstkonsultation DM 150, Folgekonsultationen DM 80
Weitere berufliche Aktivitäten: Seminare: "Hilf Dir selbst mit der homöopathischen Hausapotheke",
"Unsere Hunde – gesund durch Homöopathie" und
"Homöopathie für Heilberufe"

Stefanie Jahn
Gesundheitszentrum St. Pauli, Zirkusweg 11, 20359 Hamburg
Weitere Verfahren: NHV
Niederlassung: 1999
Honorar: Pro Stunde DM 70-100
Weitere berufliche Aktivitäten: Aufbau einer homöopathischen Station

Angelika Jerowsky
Alsterdorferstraße 9, 22299 Hamburg
Telefon: 040-472798, Telefax: 040-472798
Weitere Verfahren: FRZ, Bioenergetik
Niederlassung: 1997
Honorar: Erstkonsultation DM 250, Folgekonsultationen DM 75
Weitere berufliche Aktivitäten: –

Manfred Kessens
Rothenbaumchaussee 15, 20148 Hamburg
Telefon: 040-41339264
Weitere Verfahren: CST, "Prapto"-Bewegungsarbeit
Niederlassung: 1998
Honorar: Erstkonsultation DM 120-150, Folgekonsultationen DM 100-120, CST und Prapto-Bewegungsarbeit DM 60-80
Weitere berufliche Aktivitäten: Gestaltherapie und körperbezogene Psychotherapie

Kristiane Klamroth
Karl-Theodor-Straße 8, 22765 Hamburg
Telefon: 040-396478
Weitere Verfahren: HOM für Kleinkinder und Mutter und
Kind vor und nach der Geburt
Niederlassung: 1989
Honorar: DM 100 pro Stunde
Weitere berufliche Aktivitäten: –

Matthias Kluender
Barnerstraße 30, 22765 Hamburg
Telefon: 040-3908637
Weitere Verfahren: TCM, Shiatsu
Niederlassung: 1991
Honorar: Erstkonsultation DM 200, Folgekonsultationen DM 80
Weitere berufliche Aktivitäten: Ausbildung in Klassischer Homöopathie
am Homöopathie Forum in Hamburg
Homöopathische Arzneimittelprüfungen

Edna König
Sanderskoppel 34, 22391 Hamburg
Telefon: 040-5368119 und 5367560
Weitere Verfahren: Astrologische Homöopathie,
Regenatherapie, FRZ, EV, Mayr-Kur-Begleitung
Niederlassung: 1991
Honorar: Erstkonsultation DM 120-150,
Folgekonsultationen DM 20-40
Weitere berufliche Aktivitäten: Wohnbiologische Beratung

Almut Köpcke-Thon
Eimsbütteler Straße 25, 22769 Hamburg
Telefon: 040-451183 und 4308476
Weitere Verfahren: –
Niederlassung: 1992
Honorar: Erstkonsultation DM 230, Folgekonsultationen DM 100
(Honorarsatz pro Stunde)
Weitere berufliche Aktivitäten: Unterricht in Klassischer Homöopathie,
Leitung des Arbeitskreises des Homöopathie-Forums

Susanne Lundershausen
Seumestraße 20, 22089 Hamburg
Telefon: 040-29820564 Telefax: 040-29820564
Weitere Verfahren: BBT, FRZ, EA (Reiki III)
Niederlassung: 1997
Honorar: Erstkonsultation DM 250, Folgekonsultationen DM 80 pro Stunde, FRZ DM 40, Reikiseminare ab DM 350
Weitere berufliche Aktivitäten: Homöopathischer Notfalldienst, Seminare und Fortbildung für Laien

Wolfgang Massa
Schleestraße 12, 22767 Hamburg
Telefon: 040-3892727, Telefax: 040-3806074
Weitere Verfahren: –
Niederlassung: 1991
Honorar: Erstkonsultation DM 80 pro Stunde, Folgekonsultationen DM 80 pro Stunde
Weitere berufliche Aktivitäten: Wissenschaftliche Forschung in der Homöopathie, Dozent für Klassische Homöopathie

Roland Methner
Bahrenfelderstraße 169, 22765 Hamburg
Telefon: 040-396579, Telefax: 040-391678
Weitere Verfahren: – / Niederlassung: 1991
Honorar: Erstkonsultation DM 300 (Kinder DM 150), Folgekonsultationen DM 43 (30 Min.), DM 80 (>30 MIN)
Weitere berufliche Aktivitäten: Dozent an der Similia-Homöopathieschule und Arcana-Heilpraktikerschule

Sabine Mittmann
Heimweg 3, 20148 Hamburg
Telefon: 040-4480848, Telefax: 040-597982
Weitere Verfahren: NHV
Niederlassung: 1989
Honorar: Erstkonsultation DM 195, Folgekonsultationen DM 125
Weitere berufliche Aktivitäten: Aus – und Fortbildung in Klassischer Homöopathie, Vorträge, Heilpraktikerausbildung
Dozentin: Homöopathie-Forum Hamburg und Hamburger Institut für Klassische Homöopathie, Schule der Homöopathie, Hamburg

Scholeh Razani
Gesundheitszentrum St. Pauli, Zirkusweg 11, 20359 Hamburg
Weitere Verfahren: Naturheilverfahren
Niederlassung: 1999
Honorar: Pro Stunde DM 70-100
Weitere berufliche Aktivitäten: Aufbau einer homöopathischen Station

Ilse Anna Richters
Grotenbleken 50, 22391 Hamburg
Telefon: 040-6024274, Telefax: 040-6023810
Weitere Verfahren: CP, ID
Niederlassung: 1981
Honorar: Erstkonsultation DM 300-400, Folgekonsultationen DM 40-80, Chiropraktik DM 140-180
Weitere berufliche Aktivitäten: –

Rita Ritter
Mittelweg 151, 20148 Hamburg
Telefon: 040-41497220, Handy: 0177-7702020
Weitere Verfahren: OMM, ganzheitlicher Gesundheitstest, EA, Beratungspraxis Tachyonen-Regeneration, Bach-Blüten-Therapie
Niederlassung: 1998
Honorar: DM 62,50 (30 Minuten)
Weitere berufliche Aktivitäten: Kreativtraining

Gerda Maria Roth
Bahrenfelderstraße 169, 22765 Hamburg
Telefon: 040-3905900, Telefax: 040-391678
Weitere Verfahren: BBT, Astrologie und Astromedizin, Körpertherapien (Massagen, Fasciales Balancing, Auraarbeit)
Niederlassung: 1991
Honorar: Erstkonsultation DM 260-330, Folgekonsultationen DM 110 pro Stunde, Telefonberatung DM 40
Weitere berufliche Aktivitäten: Erforschung homöopathischer Arzneimittel, feinstoffliche Körperarbeit

Klemens Roth
Rothenbaumchaussee 85, 20148 Hamburg
Telefon: 040-4102735, Telefax: 040-444320
Weitere Verfahren: ID, CP, AKP, NT, TCM
Niederlassung: 1976
Honorar: Erstkonsultation DM 80, Folgekonsultationen DM 30-80
Weitere berufliche Aktivitäten: –

Jutta Schlüter
Mindermannweg 79, 22609 Hamburg
Telefon: 040-802142
Weitere Verfahren: CHT, GT, Ernährungsberatung und Gewichtsreduktion
Niederlassung: 1986
Honorar: Stunde DM 140 pro Stunde
Weitere berufliche Aktivitäten: –

Petra-Bindia Schmieder
Eimsbütteler Straße 139, 22769 Hamburg
Telefon: 040-8508736, Telefax: 040-8508736
Weitere Verfahren: –
Niederlassung: 1986
Honorar: Erstkonsultation DM 300 (Kinder DM 150-200),
Folgekonsultationen DM 100 pro Stunde, DM 80 (30-40 Min.)
Telefonberatung DM 16-40, je nach Aufwand
Weitere berufliche Aktivitäten: Schulleiterin der "Schule der Homöopathie" des "Homöopathie-Forum e.V. Gauting", Hamburg

Beata Schnebel
Ulmenau 25, 22087 Hamburg
Telefon: 040-225346
Weitere Verfahren: Transpersonale Psychotherapie
Niederlassung: 1987
Honorar: Erstkonsultation DM 180-250,
Folgekonsultationen DM 80-130
Weitere berufliche Aktivitäten: –

Erhard Schnell
Lohkampstraße 178, 22523 Hamburg
Telefon: 040-576216
Weitere Verfahren: –
Niederlassung: 1994
Honorar: Erstkonsultation DM 200,
Folgekonsultationen DM 80-100
Weitere berufliche Aktivitäten: –

Ruth Schuster
Am Felde 2, 22765 Hamburg, p.A. Praxis Cora Rohlf-Grimm
Telefon: 040-65491209
Weitere Verfahren: AAV, PT. Spez. Frauen und Kinder
Niederlassung: 1998
Honorar: Erstkonsultation DM 150-200, Folgekonsultation DM 80-120,
Massage und Schröpfbehandlung DM 50-70
Weitere berufliche Aktivitäten: Informations- und
Fortbildungsveranstaltungen für Laien und Institutionen

Knut Speckhahn
Alversloweg 10, 22359 Hamburg
Telefon: 040-6034258, Telefax: 040-60950541
e-mail: homoeospec@aol.com
Weitere Verfahren: FRZ, Reflexzonen-Diagnostik
Niederlassung: 1996
Honorar: Erstkonsultation DM 180-240,
Folgekonsultationen DM 40 (30 Minuten)
Weitere berufliche Aktivitäten: Fachausbilder für Anatomie beim
Verband der Fußreflexzonen- und Sportmasseure Deutschlands e.V.

Susanne von Stein
Uferstraße 6c, 22113 Hamburg
Telefon: 040-7138855
Weitere Verfahren: BBT
Niederlassung: 1997
Honorar: Erstkonsultation DM 150, Folgekonsultationen DM 60,
Bachblüten DM 70
Weitere berufliche Aktivitäten: Seminare an der Volkshochschule

Andrea Tews
Norderreihe 3, 22767 Hamburg, Telefon: 040-4396925
Weitere Verfahren: EA (Reiki)
Niederlassung: 1999
Honorar: Erstkonsultation DM 160,
Folgekonsultationen DM 80 pro Stunde
Weitere berufliche Aktivitäten: –

Ingo Torp
Sophienallee 6, 20257 Hamburg, Telefon: 040-402980
Weitere Verfahren: –
Niederlassung: 1991
Honorar: Erstkonsultation DM 240,
Folgekonsultationen DM 80 pro Stunde
Weitere berufliche Aktivitäten: Mitorganisator und Dozent der "Schule der Homöopathie" des Homöopathie Forum e.V.

Gunnar Wappner
Schleestraße 12, 22767 Hamburg, Telefon: 040-38614019
Weitere Verfahren: –
Niederlassung: 1998
Honorar: Erstkonsultation DM 80, Folgekonsultationen DM 30-80
Weitere berufliche Aktivitäten: –

Manja Petra Weimann
Semperstraße 88, 22303 Hamburg, Telefon: 040-2706848
Weitere Verfahren: AK, BBT, Lebensberatung, EA
Niederlassung: 1994
Honorar: Stunde DM 100 pro Stunde
Weitere berufliche Aktivitäten: –

Wolfgang Wirths
Lange Reihe 55, 20099 Hamburg, Telefon: 040-246298
Weitere Verfahren: TCM, FRZ
Niederlassung: 1994
Honorar: Erstkonsultation Homöopathie DM 250, TCM DM 80,
Folgekonsultationen Homöopathie DM 100, TCM DM 40-60, FRZ DM 75
Weitere berufliche Aktivitäten: Arbeitskreis Homöopathie, Ausbildung und Seminare in der Homöopathie

Monica Zisler
Bahrenfelder Straße 169, 22765 Hamburg
Telefon: 040-395977, Telefax: 040-391678
Weitere Verfahren: BBT, HOM speziell für Frauen und Kinder
Niederlassung: 1994
Honorar: Erstkonsultation DM 250 (Kinder DM 150),
Folgekonsultationen DM 100 pro Stunde (Kinder DM 50)
Weitere berufliche Aktivitäten: –

Hypnosetherapie

Das Konzept

Hypnose ist wahrscheinlich eines der ältesten Heilverfahren überhaupt. 6000 Jahre alt sind Überlieferungen von Hypnosesitzungen in Ägypten und Babylon. Die meisten Kulturen kennen Hypnose oder Trancezustände, um Menschen Angst und Schmerzen zu nehmen, sie zu vor großen Anstrengungen zu stärken oder ihnen Einblicke in andere Ebenen des Seins zu ermöglichen. Der Zustand der Hypnose ist nicht mit dem Schlaf vergleichbar, sondern vielmehr mit einem vollkommenen Gebundensein der Aufmerksamkeit, also einer speziellen Form der Wachheit. Der in Trance oder Hypnose versetzte Mensch ist jetzt ganz besonders empfänglich für Beeinflussungen aller Art, für Gedanken, Handlungen und Empfindungen, die im "Normalzustand" unter Umständen blockiert sind. Entgegen den kursierenden Vorstellungen kann ein Hypnotisierter jedoch niemals gegen seinen Willen zu Handlungen bewegt werden. Der Wille des Individuums bleibt erhalten. Das, was zum hypnotisierten Zustand führt, sind einfache Techniken, die sich bestimmter Sinnesreize bedienen, wobei das unbedingte Vertrauen des Patienten zum Behandler, die aufrichtige Hinwendung des Behandlers zum Patienten, eine ruhige Atmosphäre und die Ansprechbarkeit des Patienten auf diese Methode Voraussetzungen für das Gelingen darstellen. Durch Lenkung der Aufmerksamkeit und eine ruhige suggestive Haltung des Therapeuten gelangt der Patient in einen Zustand der "schwindenden Gedanken", die Augen schließen sich meist von selbst, oft kommt es auch zu einer tiefen Entspannung, die aber nicht entscheidend ist. In diesem Zustand werden die vorher vereinbarten Themen vom Therapeuten angesteuert. Daran muß er sich strikt halten. Je nach Inhalt flößt nun der

Therapeut dem Patienten Selbstvertrauen ein, Ruhe, Gelassenheit, Rückgang von Schmerzen und Ängsten. Er kann auch eine Bilderwelt entwerfen, Geschichten mit symbolischem Gehalt erzählen oder heilsame, auf die körperliche Krankheit bezogene Formeln sprechen. Wenn die Aufwachphase eingeleitet wird, betont der Therapeut, daß sich der Patient nun frisch und gestärkt fühle.

Kritische Bewertung und Grenzen

Für Menschen, die nicht imaginieren können, und Kleinstkinder eignet sich diese Therapie nicht. Sie ist verboten bei schweren psychiatrischen Erkrankungen und bei sehr labilen Menschen, die sich meist ohnehin schwer konzentrieren können. Häufige Hypnosen machen Menschen suggestibler und verstärken zum Beispiel die Beeinflußbarkeit durch Werbung deutlich. Nicht ausreichend ausgebildete und menschlich nicht geeignete Therapeuten können durch falsche Suggestionen Krankheiten verschlimmern. Es ist deshalb wichtig, daß Sie vor Aufnahme einer Hypnosetherapie Ihren Therapeuten nach seiner Ausbildung fragen. Zustände, die durch Hyperventilation entstehen, haben mit Hypnosetherapie nichts zu tun. Sie werden manchmal zur Einleitung von "Reinkarnationstherapien" herbeigeführt.

Möglichkeiten

Hypnosetherapie eignet sich hervorragend zur Operationsvorbereitung, zur Behandlung von Unruhe, Schmerz, Angst und den daraus resultierenden Zuständen. Vor Operationen angewandt, bewirkt sie nachweislich die Möglichkeit, Narkose- und Schmerzmittel einzusparen. Sie beeinflußt Schlafstörungen, psychogene körperliche Beschwerden, Asthma bronchiale und entzündliche Darmerkrankungen positiv. Auch manche Sprachstörungen sind erfolgreich mit Hypnose behandelt worden.

Naturheilpraxen

Helga Fritsch
Küsterkamp 16, 22041 Hamburg
Telefon: 040-68267628
Weitere Verfahren: Biodynamische Massage, EV, BBT
Niederlassung: 1994
Honorar: DM 50-110 pro Stunde
Weitere berufliche Aktivitäten: –

Irisdiagnostik

Das Konzept

Irisdiagnostik ist – wie der Name sagt – keine Therapie, sondern eine Diagnoseform, die aber zu therapeutischen Konsequenzen führen kann und deshalb hier besprochen werden soll.

Die Idee der Irisdiagnostik beruht auf der Annahme, daß sich körperliche Veränderungen im Auge zeigen können. Das Konzept aber, daß der ganze Körper durch Nervenschaltkreise mit dem Auge verbunden sei, ist definitiv widerlegt. Aber ein widerlegter Begründungsversuch reicht nicht, ein immerhin sehr altes Verfahren zu entwerten. Es hat sich über lange Zeit erhalten und ist durch einen ungarischen Arzt, Ignaz von Péczely, noch einmal aufgegriffen und systematisiert worden. Er sah in den Augen einer Eule, die sich ihr Bein gebrochen hatte, deutliche Veränderungen, was ihn zu weiteren Forschungen anregte. Mit Hilfe von "Iriskarten", die die Regenbogenhaut des Auges mit 60 Teilstrichen im Uhrzeigersinn einteilen, werden die Lokalisationen von Organen angegeben und zwar seitengleich (also im rechten Auge der Blinddarm). Aus den unterschiedlichen Strukturen der Iris (Flecken, radialen Furchen und konzentrischen Ringen) wird abgeleitet, welche Erkrankungen und Erkrankungstypen vorliegen. Manchmal zeigt die Iris nicht eine Krankheit an, sondern ein Erkrankungsrisiko oder eine Belastung, was die Patienten dann unter Umständen zu Gegenmaßnahmen veranlaßt.

Kritische Bewertung und Grenzen

Die Erkenntnisse der Augenheilkunde weichen von denen der Irisdiagnostiker ab, und die über 20 existierenden Iriskarten weisen den Organen teilweise sehr unterschiedliche Positionen zu. Auf keinen Fall sollte man Therapien beginnen oder abbrechen ausschließlich aufgrund eines "Irisbefundes". Irisdiagnose ist eben keine Diagnostik im üblichen Sinne. Als Zusatzdiagnostik in Händen eines sehr erfahrenen Praktikers mag sie aber Informationen liefern, die anders nicht erkennbar sind.

Möglichkeiten

In der Augenheilkunde sind zahlreiche Veränderungen der Iris –auch bei inneren Erkrankungen – bekannt. Wer sie interpretieren kann, ist in der Lage, eine innere Krankheit frühzeitig zu diagnostizieren. Das Auge als "Spiegel der Seele" ist für den Irisdiagnostiker mehr als ein "Irisbefund", der aus einer Karte hervorgeht. Der Blick des erfahrenen Therapeuten wird mehr erfassen als Flecken, Ringe und pathologische Zeichen.

Immo Bartusel
Stremelkamp 35, 21149 Hamburg
Telefon: 040-7026905
Weitere Verfahren: Bodyreading, FRZ, Biodynamische Massage, AAV, AKP
Niederlassung: 1998
Honorar: DM 45 (30 Minuten)
Weitere berufliche Aktivitäten: –

Isa Susanna Merker
Feldbrunnenstraße 20, 20148 Hamburg
Telefon: 040-448558, Telefax: 040-448558
Weitere Verfahren: BBT, Wirbeltherapie nach Dorn, PT, NHV, Massagen,
Niederlassung: 1994
Honorar: DM 60-120 pro Sitzung
Weitere berufliche Aktivitäten: Heilpraktikerausbildung, Seminare, Vorträge

Monika Rommel
Eppendorfer Weg 109, 20259 Hamburg
Telefon: 040-4917964
Weitere Verfahren: HOM, Kirlian-Fotografie
Niederlassung: 1985
Honorar: DM 40-80 (30-60 Minuten)
Weitere berufliche Aktivitäten: Heilpraktikerprüfungsvorbereitung

Kinesiologie

Angewandte Kinesiologie

Das Konzept

In den 60ger Jahren bemerkte der amerikanische Arzt und Physiotherapeut George Goodheart bei seinen Patienten, daß sich die Kraft bestimmter Muskeln im Zusammenhang mit Erkrankungen veränderte. Bei genaueren Untersuchungen fand er heraus, daß es muskuläre Blockaden bei Menschen gibt, die emotionalen und körperlichen Belastungen ausgesetzt waren. Goodheart schloß daraus, daß es sich hier um einen mangelnden Energiefluß handeln müsse. Seine Anschauung ist der Vorstellung der alten chinesischen Medizin sehr nah: es ist das Bild der im Körper kreisenden kosmischen Energie, die auf bestimmten Bahnen fließt, beeinflußt von Gedanken, Gefühlen, falscher und belastender Lebensweise und Krankheit. Menschen, deren Muskeln durch einen gestörten Energiefluß blockiert waren, setzten seinem Muskeltest keinen angemessenen Widerstand entgegen. Auf dem "Muskeltest" basiert das Diagnosesystem, aber auch die Kontrolle der Therapie. Der Therapeut fordert seinen Patienten auf, entweder mit seinem erhobenen, ausgestreckten Arm oder mit dem angewinkelten Bein Widerstand gegen den Druck seiner Hand auszuüben. Während dieses Tests legt er die andere Hand auf die Region, die untersucht werden soll. Leistet der Muskel des Patienten dem Gegendruck des Untersuchers angemessen Widerstand, dann gilt das Organ oder die Region als funktionstüchtig.

Ähnlich werden Substanzen, die dem Organismus fehlen, Medikamente, die der Patient eventuell benötigt, oder Gifte, die ihn belasten, geprüft: indem der Patient diese in der Hand hält, während der Therapeut den Muskeltest macht. Medikamente werden auch auf die erkrankte Region gelegt, um zu testen, ob der Muskel dann stärker anspricht. In dem Falle gilt dann das Medikament als geeignet. Auf diese Weise wird auch eine passende Diät ermittelt. Die Testmethoden variieren. Manche lassen ihre Patienten auch den Muskeltest an einer Waage ausführen oder benutzen einen "Biotensor", den man in seiner Funktion mit einer Wünschelrute vergleichen kann. Die Therapie, die daraufhin eingesetzt wird, ist vielfältig und individuell auf jeden Patienten zugeschnitten: es wird mit Nahrungsergänzungsmitteln, Homöopathika, schulmedizinischer Arznei aber auch mentalen und körperlichen Übungen gearbeitet, um Streß abzubauen, Lernleistungen zu verbessern und Mangelzustände auszugleichen. Auch belastete Nahrungsmittel werden auf diese Weise getestet.

Wie kann man sich aber über diese nüchterne Betrachtung hinaus den Besuch in einer Praxis für angewandte Kinesiologie vorstellen?

Zunächst wird mit Hilfe des Muskeltests die "Körperpriorität" ausgetestet. Darunter versteht man in der Kinesiologie das Problem, das vom Körper als erstes bearbeitet werden will. Weitere Tests geben dann Auskunft, ob auf struktureller, biochemischer, emotionaler oder energetischer Ebene eine Ansprechbarkeit besteht. Wenn er dies in Erfahrung gebracht hat, zeigt sich dem Therapeuten auch, mit welchem Verfahren der Patient am besten zu erreichen ist. Zuletzt wird dann noch getestet, ob ein Mittel eingenommen, die Ernährung angepaßt oder Gehirnintegrationsübungen gemacht werden sollen.

Als Indikatormuskel wird meist der vordere Teil des Deltamuskels herangezogen. Der Patient soll den Arm in einem Winkel von 45° nach vorn strecken, der Therapeut übt jetzt für ca. 2 Sekunden einen sich steigernden Druck bis etwa 1kg aus. Ganz ausdrücklich geht es hier nicht um das Kräftemessen. Man möchte wissen, wie die neurophysiologische Anpassung an den Druck gelingt. Wenn der Muskel beim Testen "verriegelt", dann testet man die Wirkung verschiedener Einflüsse mentaler, optischer oder anderer Art. Je nachdem wie der Patient auf die verschiedenen Gedanken, Gefühle oder Sinneswahrnehmungen im Muskeltest reagiert, leitet der Therapeut daraus ab, wie er mit seinem Patienten arbeiten muß.

Kritische Bewertung und Grenzen

Der Muskeltest ist subjektiv und von vielen "unwägbaren" Faktoren bestimmt, unter anderem von dem Verhältnis zwischen Patient und Untersucher. Das ist an sich noch nicht wirklich angreifbar, wenn man einen erfahrenen, mit Wissen und Intuition ausgestatteten Therapeuten voraussetzt. Problematisch wird es, wenn diese Diagnostik Gesunde zu "Kranken" erklärt und sie mit unnötigen Nahrungsergänzungsmitteln, Diäten und Medikamenten belastet oder ihnen eine Vergiftung austestet, die einen ganzen Strauß von weiteren Maßnahmen nach sich zieht. In der "Insidersprache" nennt man das: jemandem etwas "antesten". Deshalb ist es so wichtig, daß sich der Untersucher von seinen eigenen Bedürfnissen distanzieren kann. Umgekehrt können Kranke mit einem intakten Muskelwiderstand zu "Gesunden" erklärt und so notwendige weitere Schritte versäumt werden – immer vorausgesetzt, der Therapeut verläßt sich ausschließlich auf den Muskeltest. In falschen, unausgebildeten Händen kann der Muskeltest "den Eindruck eines Salontricks erwecken" (Fazit einer Studie der Harvard Universität). Hier ist es also ganz besonders wichtig für den

Arzt oder Heilpraktiker, daß er sich dieser Methode lediglich als zusätzlicher Kontrolle bedient und sie nicht für unfehlbar und "objektiv" erklärt.

Möglichkeiten

Erfahrene Therapeuten können Befindlichkeitsstörungen bessern und die Selbstheilungskräfte anregen. Die Empfehlungen für eine andere Lebensweise, die aus den Tests resultieren, stellen für die Patienten meist einen Schritt in eine Veränderung dar, die auf Stärkung der eigenen psychischen und physischen Verfassung abzielt. Der Muskeltest ist bei aller Subjektivität oft überzeugend, und er verlangt Feingefühl, Menschenkenntnis und Intuition vom Therapeuten. Zahnärzte wenden diese Methode an, um den Kieferschluß und die Kiefergelenksfunktion zu untersuchen.

Edu-Kinesthetik ist ein besonderer Bereich der Kinesiologie; hier wird mittels Bewegungsübungen versucht, eine verbesserte Gehirntätigkeit herbeizuführen. Diese Methode wendet sich besonders an lerngestörte Kinder und Menschen mit Konzentrationsstörungen. Tatsächlich entsteht ein besseres Körpergefühl, und auch die Konzentrationsfähigkeit nimmt zu.

Naturheilpraxen

Maren-Urte Früh
Giffeyweg 5, 22175 Hamburg
Telefon: 040-64552727, Telefax:040-64941429
Weitere Verfahren: AAV, Familienaufstellung nach Hellinger
Niederlassung: 1996
Honorar: DM 160 pro Stunde
Weitere berufliche Aktivitäten: Seminare

Andrea Lucka
Sophienallee 24, 20257 Hamburg
Telefon: 040-40196912, Telefax: 040-40196912
Weitere Verfahren: HOM, Enderleintherapie, BBT, Homotoxikologie
Niederlassung: 1993
Honorar: DM 120 pro Stunde
Weitere berufliche Aktivitäten: Vorträge, Qigongunterricht

Gisela Praetorius
Heimweg 3, 20146 Hamburg
Telefon: 040-440061
Weitere Verfahren: HOM, BBT, Ernährungsberatung, AKP, Gesprächstherapie
Niederlassung: 1985
Honorar: DM 60 (30 Minuten)
Weitere berufliche Aktivitäten: Seminare für Kinesiologie, BBT und OAKP, Heilpraktikerausbildung, Dozentin an der VHS

Renate Ziegler
Alte Dorfstraße 3a, 22397 Hamburg
Telefon: 040-6054248, Telefax: 040- 6054248
Weitere Verfahren: HOM, BBT, Isopathie nach Enderlein, FRZ, OMM
Niederlassung: 1993
Honorar: DM 120-150 pro Stunde
Weitere berufliche Aktivitäten: Seminare für Kinesiologie, BBT und BCS, Erforschung der Milchsäuretherapie, Dozentin an der VHS

Manuelle Medizin:
Osteopathie Chiropraktik Cranio-Sacral-Therapie

Das Konzept

Manuelle Medizin, das Heilen mit den Händen oder bestimmten Handgriffen, hat es sicher gegeben, solange es Menschen gibt. Das, was wir heute unter manueller Medizin verstehen, ist allerdings aus Amerika zu uns gekommen. Der Lebensmittelhändler mit "magnetopathischen" Fähigkeiten David Palmer gründete 1895 die Schule der "Chiropraktoren"; ein Jahr zuvor hatte der Arzt Andrew Still die Schule der "Osteopathen" gegründet. Die Cranio-Sacral-Therapie hat später der Osteopath William Garner Sutherland entwickelt. Ziel der Handgrifftechniken beider Schulen ist die Beseitigung von Funktionsstörungen und Blockierungen. Unter Blockierungen versteht man eine Bewegungseinschränkung des Gelenks wie beim Klemmen einer Schublade, ohne daß es schon zu geweblichen Veränderungen gekommen sein muß.

Wenn ein Teil des sensomotorischen Nervensystems dauerhaft übererregt ist, kann es zur Verspannung von Muskeln kommen. Da aber die Gelenke von Muskeln bewegt und auch stabilisiert werden, kann eine Blockierung des Gelenks die Folge sein. Das spürt der Patient meist als Schmerz im Umfeld des Gelenks, als Bewegungseinschränkung, Kopfschmerz, Schwindel, Sehstörungen, Kribbeln oder sogar "Herz"- und "Bauchschmerz". So kann eine Blockierung recht umfassende Folgen haben und das Allgemeinbefinden über den bloßen Schmerz hinaus empfindlich stören.

Dem Therapeuten stehen drei Behandlungsprinzipien zur Verfügung: die Weichteiltechnik (osteopathische Technik), die passive und aktive Mobilisation und die Manipulation. Die Weichteiltechnik zielt auf Entspannung verspannter Muskelgruppen durch Druck und Dehnung ab. Die Mobilisation ist ein langsames, passives Bewegen und Dehnen des Gelenks selbst (passive Mobilisation) oder aber die leicht gegen einen Widerstand angespannte und dann wieder entspannte Muskulatur (aktive Mobilisation), wobei die Atmung mit in den Prozeß einbezogen wird. Die Manipulation ist am bekanntesten: durch eine kleine Bewegung wird ein schneller, kurzer Impuls an das Gelenk abgegeben, oft begleitet von dem berühmten "Knacksen". Danach ist das Gelenk dann meist frei, der Muskelhartspann läßt nach, und die Folgebeschwerden vergehen recht bald.

Kritische Bewertung und Grenzen

Es gibt Chiropraktiker und Osteopathen, die nahezu sämtliche Beschwerden auf Blockierungen bestimmter Wirbel zurückführen und meinen, alles durch ihre Techniken "richten" zu können. Aber nicht alle Erkrankungen des Bewegungsapparates können mit chirotherapeutischen oder osteopathischen Maßnahmen angegangen werden: Überbewegliche und nicht blockierte, entzündete oder hoch akut schmerzhafte Gelenke dürfen nicht in dieser Weise behandelt werden. Das akute Halswirbelsäulensyndrom nach einem Auffahrunfall darf nicht manipuliert werden – schon gar nicht ohne Röntgenbild. Überhaupt gelten alle Manipulationen an der Halswirbelsäule als bedenklich und risikoreich. Auch Menschen mit Osteoporose sollten nicht mit der Technik der Manipulation behandelt werden.

Insgesamt gilt der Leitsatz: Die Blockierung ist die Indikation! Die Weichteiltechnik und die vorsichtige Mobilisationstechnik können dagegen umfassender eingesetzt werden.

Möglichkeiten

Chirotherapie und Osteopathie haben sich besonders bewährt bei eingeschränkter Beweglichkeit und Schmerzen des Rückens und anderer Gelenke. Auch Beschwerden, die durch Muskelhartspann, Tennisarm und Arthrosen entstanden sind, lassen sich durch diese Technik mildern, manchmal sogar dauerhaft beseitigen.

Naturheilpraxen
Chirotherapie

Detlef Harnisch
Pinneberger Chaussee 28, 22523 Hamburg
Telefon: 040-57260676, Telefax: 040- 57260678
Weitere Verfahren: OSP, NT, AKP / Niederlassung: 1998
Honorar: Erstkonsultation DM 120-180
Weitere berufliche Aktivitäten: Dozent an der Paracelsusschule

Christian von Lindheim
Palmaille 126, 22767 Hamburg, Telefon: 040- 384861
Weitere Verfahren: ID, PT, OAKP, Periostakupunktur, NT, BBT
Niederlassung: 1991
Honorar: DM 70-95 pro Stunde
Weitere berufliche Aktivitäten: –

Martin Seeger
Krochmannstraße 10, 22299 Hamburg,
Telefon: 040-5119501, Telefax: 040-5111349
Weitere Verfahren: Wirbelsäulentherapie nach Dorn, APM
Niederlassung: 1992
Honorar: DM 100 pro Stunde
Weitere berufliche Aktivitäten: Kurse in metamorphischer Methode und in den Methoden von Dorn und Breuss

Sigrid Strebel
Mittelweg 151, 20148 Hamburg, Telefon: 040-401050
Weitere Verfahren: PT, Schröpfkopfbehandlung, BBT, Magnetbehandlung, FRZ
Niederlassung: 1997
Honorar: Erstkonsultation DM 90, Folgekonsultationen DM 70
Weitere berufliche Aktivitäten: –

Osteopathie

Peter-Jacob Lamersdorf
Hohe Bleichen 26, 20354 Hamburg
Telefon: 040- 351637
Weitere Verfahren: HOM, PT
Niederlassung: 1992
Honorar: DM 120-130 pro Stunde
Weitere berufliche Aktivitäten: Dozent für CST, Veterinär OSP (Pferde)

Torsten Liem
Am Born 19, 22765 Hamburg
Telefon: 040- 393514
Weitere Verfahren: AKP, CHT, Podologie, CST, HYT
Niederlassung: 1994
Honorar: DM 130 pro Stunde, DM 70 (30 Minuten)
Weitere berufliche Aktivitäten: Dozent, Autor

Noori Mitha
Glindweg 17, 22303 Hamburg, Telefon: 040-2704582
Weitere Verfahren: HOM
Niederlassung: 1993
Honorar. DM 120 pro Sitzung
Weitere berufliche Aktivitäten: –

Christian Northe
Müggenkampstraße 29, 20257 Hamburg
Telefon: 040-4014924
Weitere Verfahren: HOM
Niederlassung: 1993
Honorar: DM 80-160 pro Sitzung
Weitere berufliche Aktivitäten: Lehrer für Taiji Quan und Qigong

Bernd Osterloh
Uppenhof 5, 22359 Hamburg
Telefon: 040-6037065 und 6054131, Telefax: 040-60911874
Weitere Verfahren: CP, NT
Niederlassung: 1977
Honorar: Erstkonsultation DM 80, Folgekonsultationen DM 60-70
Weitere berufliche Aktivitäten: –

Walter Rapprich
Karl-Jacob-Straße 36, 22609 Hamburg
Telefon: 040-827364, Telefax: 040-827364
Weitere Verfahren: CP, AKP, NT, Podo-Orthesiologie, CST
Niederlassung: 1988
Honorar: DM 100 CP, DM 130 OSP,
DM 125 Podo-Orthesiologische Sole
Weitere berufliche Aktivitäten: –

Petra Weese
Glindweg 17, 22303 Hamburg
Telefon: 040-27871919, Telefax: 040-27871918
Weitere Verfahren: HOM
Niederlassung: 1997
Honorar. DM 100 pro Sitzung
Weitere berufliche Aktivitäten: –

Cranio-Sacral-Therapie

Das Konzept

"Cranio-Sacral-Therapie" – ein Begriff, der an etwas aus dem Alltag Herausgehobenes denken läßt. "Cranium" heißt Schädel, und "Os Sacrum" ist das Kreuzbein. Vom Scheitel bis zum Rückenende wird hier mit feinsten, kaum wahrnehmbaren Manipulationen gearbeitet – eine zarte Berührung, die Behandler und Patient in eine tiefe Konzentration bringt. Der amerikanische Osteopath William Garner Sutherland entwickelte dieses Verfahren, weil er davon ausging, daß man die sieben das Gehirn umschließenden Schädelknochen einen Zehntel Millimeter bis einen Millimeter gegeneinander bewegen könne.

Hirn und Rückenmark schwimmen im Hirnwasser, Liquor genannt. Diese Flüssigkeit stellt einen hydrodynamischen Puffer dar, ver- und entsorgt unser zentrales Nervensystem neben der Gefäßversorgung, und nach Ansicht der Cranio-Sacral-Therapeuten gibt es auch einen Rhythmus, in dem das Hirnwasser ab- und zunimmt. Dieses leise Pulsieren spüren trainierte Hände etwa sechs bis zwölf mal pro Minute an der Wirbelsäule und am Kreuzbein. Bei unterschiedlichen Verfassungen und Krankheiten kann sich nach dieser Theorie der Rhythmus in spürbarer Weise verändern. Wenn sich die Schädelknochen durch "Verhärtungen" nicht mehr gegeneinander verschieben lassen, soll ein Überdruck entstehen, der an das Nervensystem weitergegeben wird und zahlreiche Beschwerden erzeugen kann. Auch die Druckbelastung des kindlichen Schädels während der Geburt soll sich auf die natürliche Pulsation auswirken und zu kindlichen Störungen führen. Durch die Behandlung soll die Blockierung dieser pulsierenden Pendelbewegung gelöst werden. Die äußerst zarte Behandlung führt in einen fast meditativen Zustand hinein, der für sich allein schon einen therapeutischen Effekt hat. Die Technik erfordert allerdings jahrelange Übung, gute anatomische Kenntnisse und eine entspannte innere Haltung auf seiten des Therapeuten.

Kritische Bewertung und Grenzen

Die Therapie ist risikoarm. Bei Schädelverletzungen und Hirnblutungen darf nicht behandelt werden.

Möglichkeiten

Die Therapie wird eingesetzt bei Kindern, die eine schwierige Geburt hatten, Schlafstörungen, Krampfneigung oder eine Hyperaktivität entwickelt haben. Manche Therapeuten setzen sie auch bei Lernstörungen ein. Erwachsene, die einen Unfall hatten, an dem Kopf oder Wirbelsäule beteiligt waren, Menschen mit Migräne, Ohrgeräuschen oder Schwindel sollen für Cranio-Sacral-Therapie besonders geeignet sein und berichten oft von einer deutlichen Linderung ihrer Beschwerden.

Naturheilpraxen

Katrin Burckhardt
Mühlenberger Weg 61, 22587 Hamburg, Telefon: 040-86663484
Weitere Verfahren: Ernährungsberatung
Niederlassung: 1998
Honorar: DM 120 (90 Minuten)
Weitere berufliche Aktivitäten: Präventiv-Angebote wie "Wohltuendes für den Rücken", "Lebendige Augen", "Gesund kommunizieren"

Kristine Gromotka
Rothenbaumchaussee 101f, 20148 Hamburg, Telefon: 040-444177
Weitere Verfahren: HOM, BBT, Massagen, EA
Niederlassung: 1999
Honorar: DM 100 pro Stunde
Weitere berufliche Aktivitäten: –

Mikrobiologische Therapie:

Symbioselenkung

Das Konzept

Erst mit der Entwicklung der Antibiotikatherapie wurde deutlich, welche wichtige Rolle die körpereigenen Keime für die Gesundheit des Menschen spielen. Die Schleimhäute der Atemwege, des Darms, des Genitaltraktes sind reichlich mit Bakterien besiedelt, im Darm sogar um das Zehn- bis Hundertfache mehr als Zellen im menschlichen Körper existieren. Sie sind vor allem als "Sparringspartner" für die Abwehrzellen tätig und verhindern, daß krankmachende Keime sich neben ihnen übermäßig vermehren können, und sie schließen für den Menschen lebensnotwendige Substanzen aus der Nahrung (Zellulose) auf: diese Besiedelung ist existentiell für jeden Menschen – deshalb "Symbiose" = Zusammenleben.

Die typischen Infekte, die nach Antibiotikabehandlungen oder bei Menschen mit geschädigten Schleimhäuten auftraten, führten zur Entwicklung der Symbioselenkung, die heute durch den Begriff "Mikrobiologische Therapie" abgelöst worden ist. Die Symbiose, unter der man ein bestimmtes Spektrum nützlicher Bakterien in einem bestimmten, aber schwankenden Verhältnis versteht, kann man auch an anderen Stellen des Körpers "lenken". Der Darm bleibt aber Hauptziel dieser Behandlung, die vor allem die hinreichende Besiedelung für das Aufschließen der Nahrung und zugleich die allgemeine Abwehrkraft durch Gabe nicht krankmachender Bakterien stärken will. Eine veränderte Darmflora ist nach Ansicht der Schulmedizin Ausdruck einer Störung; die Befürworter der Mikrobiologischen Therapie jedoch meinen, sie sei vor allem Ursache vieler Störungen. Es ist kein Widerspruch, beides gelten zu lassen.

Die Therapie besteht vor allem in der Einnahme von Präparaten, die in einer bestimmten Abfolge zunächst mit abgetöteten, später dann lebenden Symbionten den Darm neu besiedeln sollen. Unterstützt wird diese Therapie, der eine Stuhlprobe auf pathogene (krankmachende) Keime vorausgeht, durch eine Ernährungsumstellung, die arm an Zucker, Weißmehlprodukten, Hefe und fetten Speisen sein sollte. Oft wird zusätzlich mit Impfungen oder Einreibungen durch eine aus eigenen Keimen hergestellten Lösung gearbeitet, die die allgemeine Abwehr stimulieren soll. Bei Pilzbefall des Darms soll vor Beginn der Kur der Pilz medikamentös behandelt und eine "Anti-Pilz-Diät" über 4 Wochen durchgeführt werden.

Kritische Bewertung und Grenzen

Eine Gefahr besteht bei der Injektion der sogenannten Autovakzine. Hier kann es zu lebensbedrohlichen allergischen Schocks kommen, die auch schon bei einer "Testung" entstehen können, wenn man sich erst einmal allergisiert hat. Die Mikrobiologische Therapie ist eine unspezifische Therapie und ersetzt keinesfalls die Behandlung einer Krankheit. Ihr Rahmen ist Begleitung und Prophylaxe. Die Mikrobiologische Therapie vermag nicht die Wirkung ballaststoffreicher Nahrung auf den Darm zu ersetzen. Letztere verändert die Darmflora mehr als irgendeine Symbiontenmischung. Auch milchsäurebildende Bakterien, die den Darm besiedeln sollen, kann man preiswerter und genußvoller durch täglichen Joghurtverzehr haben als durch teure Produkte. Das macht die Symbioselenkung jedoch nicht überflüssig. Sie hat ihre unwiderlegten Domänen.

Möglichkeiten

Die Wirkung ist belegt bei immer wiederkehrenden Infekten der Atemwege: Mandelentzündungen, Nasennebenhöhlenentzündungen und Erkältungskrankheiten allgemein. Damit ist auch der anregende Effekt auf das Immunsystem gesichert. Das Spektrum der Krankheiten, für die eine Mikrobiologische Therapie in Frage kommt, reicht von allergischen Erkrankungen, insbesondere Neurodermitis und Asthma, über Immundefekte, rheumatische Erkrankungen bis hin zur Begleitbehandlung von Krebskranken. Positive Erfahrungen werden immer wieder von Patientinnen mit rezidivierenden (wiederkehrenden) Blasen- und Vaginalinfektionen beschrieben.

Naturheilpraxen

Viele Praxen, die Sie unter anderen Suchbegriffen finden, haben diese Therapie in ihre Arbeit integriert. Keine Praxis hat sie als Schwerpunkt angegeben.

Neuraltherapie nach Huneke

Das Konzept

Hinter dieser Therapie steht die Idee, daß durch vorübergehende Blockaden der Erregungsleitung in den Nervenfasern gestörte neurovegetative Regelkreise wiederhergestellt und damit chronische Schmerzzustände und Funktionsstörungen aufgelöst werden können. Eine weitere Idee ist die der störfeldbedingten Krankheiten. Störfelder können chronische Eiterherde sein, vor allem Mandeln, Nasennebenhöhlen, Zähne, aber auch alle Narben. Ferdinand Huneke beobachtete bei der Unterspritzung einer alten Unterschenkelnarbe mit dem Lokalanästhetikum Procain, daß im Moment der Injektion die chronischen Schulterbeschwerden der Patientin verschwanden. Er nannte dies "Sekundenphänomen" und schloß daraus, daß solche Störfelder in der Lage sind, an ganz anderen Körperstellen, mit denen sie nerval in Verbindung stehen, Störungen zu erzeugen und auch aufrecht zu erhalten. Bei seinen Experimenten mit Procain machte er verblüffende Erfahrungen, die ihn zum überzeugten Verfechter dieser Substanz als Heilmittel machten. Er schrieb dem Procain schmerzstillende, entzündungshemmende, gefäßwandabdichtende, entkrampfende und sogar fiebersenkende Eigenschaften zu. Die Behandlung in der Neuraltherapie kann grundsätzlich nach drei Prinzipien erfolgen: als Lokalbehandlung, Segmentbehandlung oder als Störfeldbehandlung. Lokal, das heißt direkt in den Schmerzort, wird vor allem bei akuten Zuständen oder starken Schmerzen gespritzt. Das Segment wird dann behandelt, wenn das Zielorgan nicht zugänglich ist. Unter einem Segment versteht man Körperabschnitte, die über eine gemeinsame Nervenversorgung verfügen. Bei der Störfeldbehandlung wird Procain in störfeldverdächtige Areale gespritzt. Kann das Sekundenphänomen ausgelöst werden, dann handelt es sich wirklich um ein Störfeld. Auf Patienten wirken solche Erfahrungen wie "Zauberkünste" ihres Heilers. Bei der schlagartigen Entlastung vom Schmerz kann es zu Lachen und Weinen gleichzeitig kommen.

Kritische Bewertung und Grenzen

Die Therapie mit der Procainspritze darf nicht eingesetzt werden, wenn Blutgerinnungsstörungen vorliegen oder der Patient gerinnungshemmende Mittel einnimmt, bei Magengeschwüren oder bei Infektion der Einstichstelle. Auch in entzündete Bereiche darf nicht gestochen werden. Bei Herzschwäche, Geisteskrankheiten und auch bei grundsätzlicher Angst des Patienten vor Spritzen sollte auf die Therapie ebenfalls verzichtet werden.

Ein gesondertes Problem stellt die Allergisierung gegen Procain dar. Sie kann im Laufe der Behandlung auftreten oder schon vorhanden sein. Die Allergietestung vor Beginn jeder Sitzung durch Einträufeln des Procains in den Bindehautsack ist Pflicht, wenn sie auch nicht sicher ausschließen kann, daß es noch nicht zu einer Allergisierung gekommen ist oder kommen wird. Eine Gefahr jeglicher Schmerztherapie besteht darin, daß Schmerz ein schützendes Signal sein kann, das erst ausgeschaltet werden darf, wenn die Ursache geklärt oder aber eine schwere Krankheit ausgeschlossen wurde.

Möglichkeiten

Die Domäne dieser Methode ist die Schmerztherapie. Akute und chronische Beschwerden werden oft erfolgreich behandelt. Ein wesentlicher Bestandteil dieses Erfolgs liegt wahrscheinlich im Durchbrechen des Schmerzzyklus: Schmerz – Verspannung – Minderdurchblutung – Schmerz.

Naturheilpraxen

Viele Praxen haben diese Therapie integriert. Keine hat sie als Schwerpunkt angegeben.

Orthomolekulare Medizin

Das Konzept

Das ursprüngliche Konzept dieser Methode geht davon aus, daß Vitamine, Spurenelemente und andere Mineralstoffe, die in der Nahrung und im Körper vorkommen, in hoher Dosis verabreicht werden müssen, damit der Organismus nicht durch "oxidativen Streß" und "freie Radikale" in einen "negativen Stoffwechsel" komme. Linus Pauling, zweifacher Nobelpreisträger und Begründer der Orthomolekularen Medizin ("ortho" heißt "richtig"), wurde mit Megadosen an Vitaminen 94 Jahre alt und gilt seinen Anhängern seitdem als lebendes Beispiel für die Nützlichkeit und Unschädlichkeit der von ihm verzehrten Vitamindosen. Nach dem Motto "viel hilft viel" werden Vitamindosen und Gemische verabreicht, die weit über den internationalen Empfehlungen liegen. Dahinter steht die Vorstellung, daß nur große Dosen den Stoffwechsel ausreichend anregen und damit vor allem dem Krebs vorgebeugt werden könne. Das Wissen um die überall im Organismus ständig anfallenden freien Radikale, die im Zusammenhang mit

Umweltbelastungen vermehrt auftreten und den oxidativen Streß für die Zellen erhöhen, hat zu einem Verbrauchskonzept an sogenannten Nahrungsergänzungsmitteln geführt, das erst durch neuere Forschungen hinterfragt werden kann. Freie Radikale sind einerseits in der Lage, Zellen zu schädigen und Krebs entstehen zu lassen, andererseits brauchen eben diese Zellen freie Radikale zu ihrem Schutz und zum Aufschließen von Nährstoffen: hier geht es um ein überaus komplexes Geschehen von Oxidation und Antioxidation mit dem Ziel, ein günstiges Gleichgewicht im Organismus aufrechtzuerhalten. Laut Lehrbuch der orthomolekularen Medizin sind drei Gesichtspunkte von überragender Bedeutung:

1. Die richtige (hohe) Dosierung
2. Anwendung dauerhaft und langfristig (also immer)
3. Die richtige (komplette) Kombination, keine Einzelsubstanzen oder unvollständige Mischungen (Dietl/Ohlenschläger: Handbuch der orthomolekularen Medizin, Haug-Verlag, 2. verbesserte Auflage, 1994, Ausgabe 1998).

Im Kampf gegen diese freien Radikale werden neben anderen Vitaminen und Mineralstoffen hohe Dosen an Vitamin C und ß-Carotin eingesetzt. Neuere Forschungen legen nahe, daß mehr als 300 mg Vitamin C pro Tag bedenklich seien und daß die Megadosen an ß-Carotin keinerlei Schutz vor Krebs bieten, im Gegenteil (große epidemiologische Studien werden erst in mehreren Jahren soweit abgeschlossen sein, daß etwas mehr molekularbiologisches Wissen verfügbar ist). Die Orthomolekulare Medizin geht davon aus, daß mit den Megadosen Krankheit vorgebeugt werden könne, aber auch der Alterungsprozeß verzögert sowie Geisteskrankheiten bekämpft werden könnten. Durch Haarmineralanalyse, Zuckertests und Messungen der entsprechenden Stoffe im Blut und Urin soll der Mangel nachgewiesen werden.

Kritische Bewertung und Grenzen

Auf die Grenzen dieser Therapie stößt man da, wo den Menschen vorgegaukelt wird, daß angesichts der zunehmenden Belastung des Immunsystems durch Umwelteinflüsse dem drohenden Schaden wirksam mit diesen Megadosen entgegengetreten werden könne. Die Abläufe im Immunsystem, das Krankwerden an sich und der Alterungsprozeß sind komplexe Vorgänge, die nicht nur von der Zufuhr dieser Stoffe abhängen. Die angebotenen speziellen "Vitamincocktails" für Raucher oder Alkoholiker unterstreichen die Problematik des Konzepts. Ein weiteres Problem liegt darin, daß diese ungeheuren Dosen aus eigener Tasche finanziert werden müssen und daß gerade die Bevölkerungsschicht, die sich das leisten kann, in der Regel ausgewogen ißt und bewußt mit sich umgeht. Auch die Nachweisverfahren, insbesondere die Haarmineralanalyse, die als unzuverlässig gilt, sind sehr teuer und werden zum größten Teil nicht von den Kassen getragen.

Möglichkeiten

Ausreichende Versorgung mit den notwendigen Spurenelementen und anderen Mineralstoffen, Vitaminen und Bausteinen kann mit dieser Therapie auf jeden Fall sichergestellt werden. In bestimmten Fällen ist die Therapie sinnvoll, wenn ein Mangel nachgewiesen ist.

Naturheilpraxen

Keine Praxis bietet diese Therapie als Schwerpunkt an.

Pflanzenheilkunde

Phytotherapie

Das Konzept

Phytotherapie – die Vorbeugung und Behandlung von Krankheiten des Menschen durch Pflanzen oder Teile von Pflanzen – ist vielleicht das, was die meisten Menschen unter "Naturheilkunde" und damit auch unter alternativer Medizin verstehen. Die Phytotherapie arbeitet stets mit den stofflich vollständigen Pflanzen oder Pflanzenteilen. Das bedeutet, daß es sich immer um Gemische verschiedener Stoffe handelt. Stoffe, die aus Pflanzen isoliert werden, die also chemisch definierte Teile der Ganzheit Pflanze sind, kann man nicht mehr der Phytotherapie und damit den Naturheilverfahren zuordnen. Wenn also mit Arzneien "aus" Naturstoffen geworben wird, dann handelt es sich oftmals gar nicht mehr um ganze Pflanzenteile und damit nicht um Phytotherapie. Obwohl man heute die Bestandteile einer Pflanze bis in die letzten Einzelheiten analysieren kann, wirkt doch immer das Ganze anders als die Teile – die Begleitstoffe, die sich aus den Wachstumsbedingungen und der Eigenart der Pflanze ergeben, lassen sie unter Umständen ganz anders wirken, als es der sogenannte isolierte "Hauptwirkstoff" vermag. Phytotherapie ist Allopathie, was soviel bedeutet, wie mit dem "anderen" heilen ("Allos" kommt aus dem Griechischen und bedeutet "das andere") – im Gegensatz zur Homöopathie, die mit dem "gleichen" heilt. Damit steht die Phytotherapie dem modernen, wissenschaftlichen Denken der Schulmedizin viel näher. Sie zählt wie die Homöopathie und die anthroposophische Medizin zu den "besonderen Therapierichtungen", von denen man eine Wirksamkeit annimmt, wenn sie auch noch nicht vollständig wissenschaftlich belegt ist (Deutsches Arzneimittelgesetz in der Fassung vom 1.1. 1978). Damit ist sie integriert ins Gesundheitssystem der Bundesrepublik. Gegner der Pflanzenheilkunde behaupten oft, daß die Behandlung mit Phytotherapeutika nur Befindlichkeitsbesserungen bewirken könne. Daneben kann man noch den ebenso unsinnigen Satz stellen, daß Phytotherapeutika nicht schaden könnten. Die immer noch herrschende Vorstellung, nur was schade, könne auch wirken bzw. was nicht schade, wirke auch nicht, ist leider auch von den Verfechtern der Pflanzenheilkunde genährt worden, weil sie immer wieder auf die angebliche Unschädlichkeit hingewiesen haben.

Die Phytotherapie ist eine alte Erfahrungsheilkunde, deren Schatz erst allmählich auch von offizieller Seite gehoben wird. In einer Arzneimittelkommission, die auch aus erfahrenen phytotherapeutisch engagierten Mitgliedern besteht, werden Pflanzen und Pflanzenteile, ihre Zubereitungen und Anwendungsbereiche, aber auch ihre Wechselwirkungen mit anderen Pflanzen, Gegenanzeigen und Nebenwirkungen untersucht und in sogenannten "Monographien" genau beschrieben. Für etwa 360 Pflanzen ist diese Arbeit getan.

Die Phytotherapie ist dann eine wirksame Medizin, wenn der Therapeut nicht nur die Indikation einer Pflanze kennt: er weiß, daß sie gegen Husten, Krämpfe oder Herzschwäche wirkt - sondern, wenn ihm auch das Wirkprinzip der Pflanze vertraut ist. Es gibt beispielsweise Pflanzen, die auf sehr unterschiedliche Weise gegen Husten wirken: ein Prinzip ist die Verflüssigung und Vermehrung des Schleims, die natürlich den Hustenreiz verstärkt, damit dann leichter abgehustet werden kann. Eine solche Pflanze kann man nicht gleichzeitig in einer Mischung reichen mit Pflanzen, die den Hustenreiz abschwächen. Man kann sie allenfalls in einer bestimmten Reihenfolge nehmen. Den Auswurf kann man morgens fördern und tagsüber langsam ausklingen lassen, während man zur Nacht eher das hustenreizstillende Phytotherapeutikum einsetzt. Trinkt man abends einen schleimlösenden Hustentee, so kann man sicher sein, in der Nacht durch den einsetzenden Hustenreiz geweckt zu werden.

Ein anderes Beispiel ist die phytotherapeutische Behandlung von Niere und Blase. Bei harntreibend wirkenden Pflanzen, erwünscht im Falle einer

Blasenentzündung, muß man vorsichtig sein mit Pflanzen, die harnwegsreizend wirken oder eine starke Belastung für die Nieren darstellen können. In einschlägigen Kräuterbüchern stehen all diese Pflanzen oft ohne Angabe ihres Wirkungsprinzips beieinander, und man ist versucht, sich eine eigene Mischung zusammenzustellen.

Wieder andere Pflanzen entfalten ihre Wirkung nur, wenn man bestimmte Teile verwendet oder sie in bestimmten Kombinationen mit Begleitstoffen einnimmt, die ihre Aufnahme verbessern. Manchmal addiert sich die Wirkung mehrerer gleichsinnig wirkender schwacher Einzelpflanzen zu einem erstaunlichen Effekt, der mit Einzelpflanzen gar nicht zu erreichen ist. Auch Pflückzeiten, Zubereitungsformen und die Frage, ob getrocknet oder frisch, ob gekocht, überbrüht, kalt angesetzt oder in Alkohol ausgezogen, richten sich ganz danach, welche Stoffe "freigesetzt" werden und dem Organismus angeboten werden sollen. Sogar die Schnittgröße spielt ganz besonders bei Tees eine Rolle. Oft existieren feste, bewährte und nach diesen Gesichtspunkten zusammengestellte Mischungen, sogenannte "Rezepturmischungen" mit klaren Indikationen. Ein Phytotherapeut muß aber auch in der Lage sein, nach individuellen Kriterien wirksame Mischungen für seinen Patienten zusammenzustellen oder mit gezielt eingesetzten Einzelmitteln zu arbeiten. Er muß beurteilen, welche Pflanzen der Gesamtkonstitution, dem konkreten Befund, aber vor allem der Befindlichkeit des Patienten am ehesten entsprechen, ob sanftere oder kräftigere Reize angebracht sind und ob andere Organe geschont werden müssen.

Kritische Bewertung und Grenzen

Pflanzlich heißt nicht harmlos. Giftpflanzen müssen in ihrem Gehalt "standardisiert" sein, das heißt, man kennt genau den Giftgehalt einer bestimmten Drogenmenge, damit keine Überdosierung erfolgt. Deshalb sind die stark gifthaltigen Pflanzen rezeptpflichtig. Sie sollten nicht selbst gesammelt und zubereitet werden. Von einfachen Alltagsbeschwerden und bestimmten im Erfahrungsschatz der Volksheilkunde beheimateten Rezepturen abgesehen, sollte man also die Hände von Selbstbehandlungen lassen. Hinzu kommt, daß Pflanzen Allergien auslösen können und bei manchen Drogen (das ist die Bezeichnung für die getrockneten Pflanzen) der Dauergebrauch in eine organische Schädigung einmünden kann. Es gibt Fälle, in denen die synthetische und genauso wirksame Alternative nebenwirkungsärmer ist als ihre giftige pflanzliche Schwester. Das sollte beachten, wer in alten Kräuterbüchern nach Rezepturen fahndet.

Möglichkeiten

Phytotherapie ist in den meisten Fällen leichter bis mittelschwerer Erkrankungen zusammen mit weiteren naturheilkundlichen Maßnahmen wie Wickel, Einreibungen und Wasseranwendungen wirksam.

Naturheilpraxen

Diese Therapieform wird von vielen Praxen im Rahmen der Naturheilverfahren eingesetzt.

Reflexzonentherapien

Das Konzept

Der Begriff klingt zwar modern, das Verfahren, innere Organe durch Behandlung von Reaktionsstellen auf Haut und Schleimhaut zu beeinflussen, ist aber sehr alt. Die Akupunktur ist ein Beispiel dafür. Ursprünglich durch Erfahrung gefunden, entstand im Laufe der Jahrtausende durch Erkenntnisse in der Anatomie, Physiologie, Embryologie und Neurologie allmählich eine naturwissenschaftliche Basis. Zwar gibt es auch Reflexzonentherapien, für die eine solche Basis noch nicht gefunden wurde, aber deren Erfolge lassen sich nicht leugnen.

1889 entdeckte der Arzt Head überempfindliche Zonen bestimmter Hautareale, die im Zusammenhang mit Erkrankungen innerer Organe immer wieder aufzufinden waren. Nach und nach entstand eine "Landkarte" der Projektionen innerer Organe und Gewebe auf dem ganzen Körper. Die Bereiche, die Head inneren Organen und Strukturen zuordnen konnte, wurden später nach ihm "Head'sche Zonen" genannt. Nicht immer "melden" sich diese Areale, wenn eine innere Störung vorliegt, immer aber kann man die Organe über diese Bereich ansprechen, und meistens findet man einen veränderten elektrischen Hautwiderstand. Mit Hilfe systematischer Untersuchungen und durch Vergleiche mit den Akupunkturpunkten der chinesischen Medizin wurden im Laufe der Zeit immer mehr Hinweise auf solche Zusammenhänge zwischen Innenwelt und Hautpunkten oder –Bezirken entdeckt. Teilweise projizierte sich eine Menschengestalt im embryonalen Format auf bestimmte Bereiche. Das Ohr (Ohrakupunktur), die Zunge (Zungendiagnostik), die Fußsohlen (Fußreflexzonen) und Handflächen, ja sogar der Schädel (Schädelakupunktur) und die Zähne zeigten solche Zusammenhänge. Wenn sich im Bereich eines umschriebenen Gebietes viele solcher Reaktionsstellen finden lassen und eine solche Menschengestalt auf dieses Gebiet projizieren, spricht man von einer "Somatotopie". Head hatte herausgefunden, daß eine Hautreiztherapie der von ihm erforschten Bereiche tatsächlich die dazugehörigen Organe zu einer Reaktion veranlassen konnte. Je nach Ausgangslage des Patienten wurden nun Reizart und -stärke gewählt. Dabei spielte die Arndt-Schultz'sche Regel der Naturheilkunde eine entscheidende Rolle : "Kleine Reize regen an, starke Reize blockieren". Damit also ein therapeutischer Reiz optimal beantwortet wurde, mußte das Reaktionsverhalten des Patienten bekannt sein. Man versuchte, Kriterien zum Erkennen von Reaktionstyp und Konstitution zu entwickeln. Immer bestimmte die Reaktion des Patienten den weiteren Fortgang der Therapie. Dadurch blieb sie immer individuell und folgte keinem starren Schema. Die Hautreize, die heute gesetzt werden, reichen von elektrischer Stimulation (z.B. EAV) über Akupunktur, Wasseranwendungen, Wärme- und Kältereize bis zu Massagetechniken. Viele Massagen mit diesen Erkenntnissen der Reflexzonentherapie, wenn auch mit ganz unterschiedlichen Schwerpunkten gehören hierher: Bindegewebsmassage, Muskelreflexzonenmassage, Periostmassage, Kolonmassage. Aber auch Shiatsu-Behandlungen und Akupressur aktivieren diese Reflexzonen. Ein wichtiger Bereich, der anscheinend mit diesen Reflexverbindungen zusammenhängt, soll in der Umgebung des vierten Hirnventrikels liegen; davon geht heute die Schmerzforschung aus.

Eine besondere Rolle nimmt in der Alternativmedizin die Fußreflexzonen-Therapie ein. Die Fußsohle stellt ja auch eine Somatotopie dar, wobei sich ein im Fußskelett sitzender Mensch einschließlich seiner inneren Organe denken läßt. Hier werden die Füße manuell durch eine bestimmte Massagetechnik behandelt, nachdem durch die Untersuchung auf besonders empfindliche, veränderte oder sogar schmerzhafte Punkte eine vorläufige Diagnose gestellt wurde. Bei der Untersuchung tasten die Hände des Untersuchers mit sanft kreisenden Bewegungen die Fußsohle und angrenzende Areale ab, die danach dann – je nach Befund - mit unterschiedlicher Intensität mittels bestimmter Massagegriffe behandelt werden.

Kritische Bewertung und Grenzen

Die Diagnose bei den Reflexzonentherapeuten ist nicht im Sinne einer klinischen Diagnose zu verstehen. Sie bezieht sich lediglich auf einen vermutlich gestörten Funktionszusammenhang, und dieser wird auch behandelt. Auch hier gilt, was für die gesamte Naturheilkunde gilt: Hauptindikation ist die funktionelle Erkrankung. Wenn zur gestörten Funktion eine zerstörte Struktur hinzukommt, dann kann naturheilkundlich nur noch unterstützend und begleitend gearbeitet werden.

Möglichkeiten

Reflexzonentherapie eignet sich für die Behandlung funktionell gestörter Organe und Gewebe. Sie verbessert die gesamte Reaktionslage des Organismus, was immer auch bedeutet: die Anpassungsfähigkeit des Körpers an äußere und innere Herausforderungen und die angemessene Antwort auf Reize kann wiederhergestellt werden. Auch Schmerzphänomene können erfolgreich mit dieser Therapie angegangen werden.

Naturheilpraxen
Ganzheitliche Massagen

Ute Orban
Altonaer Chaussee 13, 22869 Schenefeld
Telefon: 040-8306174 und 0172-5154817
Weitere Verfahren: BBT, Eigenbluttherapie, AAV, Tiefenentspannung, Diätbegleitung, FRZ
Niederlassung: 1997
Honorar: DM 20-60 pro Sitzung
Weitere berufliche Aktivitäten: –

Gunnar Pfeiffer
Hartwig-Hesse-Straße 25, 20257 Hamburg
Telefon: 040-4908529, Telefax: 040-4908529
Weitere Verfahren: AK, FRZ, BBT, EV, Rebalancing
Niederlassung: 1993
Honorar: DM 80-100 (60-75 Minuten)
Weitere berufliche Aktivitäten: –

Regina Radach
Rückertstraße 15, 22089 Hamburg
Telefon: 040-2002258, Telefax: 040-2002258
Weitere Verfahren: FRZ, Polaritäts-, Körper-Massage, Coaching, PT, MTB, Spagyrik, HOM
Niederlassung: 1996
Honorar: DM 100 pro Stunde, DM 120 Polarity-Sitzung
Weitere berufliche Aktivitäten: Kurse für Polarity

Reflexzonentherapie

Erika Dagge
Huulkamp 25, 22397 Hamburg
Telefon: 040-60847065
Weitere Verfahren: HOM, Sauerstoff-Mehrschritt-Therapie nach Prof. Ardenne
Niederlassung: 1997
Honorar: Erstkonsultation DM 90, Folgekonsultationen DM 70
Weitere berufliche Aktivitäten: –

Anne Schröder
Breitenfelderstraße 19, 20251 Hamburg
Telefon: 040-461468
Weitere Verfahren: AKP, HOM, BBT, Reiki, Massagen,
Niederlassung: 1994
Honorar: Erstkonsultation DM 95, Folgekonsultationen DM 75
Weitere berufliche Aktivitäten: –

Schamanische Heilweisen in modernen Gesellschaften

Das Konzept

Die schamanische Heilweise ist bis heute in ihren Ursprungsgesellschaften in der Mongolei und Sibirien (das als die Heimat des Schamanismus gilt) über die Himalayagebiete bis nach Amerika lebendig. Das Krankheitskonzept des Schamanismus geht von einer gestörten Einordnung des Menschen in seine kosmischen und irdischen Bezüge aus. Damit ist es – auch nach Auffassung der modernen Medizin – das umfassendste Krankheitskonzept, das derzeit existiert. Die Bezüge, von denen hier die Rede ist, variieren zwar kulturabhängig – grundsätzlich ist aber damit alles gemeint, was für den Erkrankten von Bedeutung ist: sein Umfeld, seine Ahnen, die Dinge, mit denen er umgeht, seine Verbindung zum Kosmos und sein Gottesbezug, Menschen und Tiere, Lebendiges und "Totes". In unserer Zeit der Lust auf Reize, Grenzerfahrungen, den Kitzel am Abgrund werden – beinahe einer Logik folgend – Seminare oder besser Wochenend-"Workshops" zum Thema "Schamanismus" angeboten. Schamanismus degeneriert hier zur Ethno-Zeremonie, zum "spannenden Ritual", zum emotionalen Highlight. Wenn diese Heilkunst überhaupt einen Platz in einem Handbuch wie diesem einnehmen kann, dann nicht, um ein "alternatives" Heilverfahren zu verhandeln.

Aber: An jeder Heilung sind Kräfte beteiligt, die vermutlich auch im schamanischen Ritual aktiviert werden. Ein guter Arzt oder Heilpraktiker ist in einem bestimmten Kontext immer auch "Schamane". Auch er betritt mit seinem Patienten, wenn er kann, einen Raum, den man als "Möglichkeitsraum" bezeichnen kann, in dem sich etwas Nicht-Alltägliches ereignen kann und darf, in dem Verbindungen hergestellt werden, Vertrauen gefaßt wird, Kommunikation "zelebriert" wird. In diesem Ritual bekommen Worte und Gesten, Erinnerungen und Hoffnungen, wenn auch kaum wahrnehmbar, eine andere Bedeutung. Es ist nicht bunt, nicht laut und wahnsinnig und auch nicht unbedingt von großen heilerischen Gesten begleitet, vielleicht noch nicht einmal von der Gabe irgendwelcher Heilmittel. Es ist nur eine spezifische Begegnung, die sich eben "ereignet".

Möglichkeiten und Grenzen

Möglichkeiten und Grenzen können hier schwerlich erörtert werden. Statt dessen sei hier ein Aufsatz von H. Fuhrberg wiedergegeben, der die Möglichkeiten und Grenzen auf andere Art darstellt.

Was ist schamanische Heilkunde?

Ursprünglich ist Schamansimus eine jahrtausendealte Weltsicht, in der alles in der Schöpfung lebendig und verbunden ist. Wirklichkeit kann hier von Menschen auch auf eine andere, nicht alltägliche Weise direkt erfahrbar werden. Durch Trancereisen und Rituale kann auf diese Weise auch für die Heilkunde ein Wissen zur Verfügung gestellt werden, das sonst im Alltag unzugänglich bleibt. Eine solche Tradition ist in den meisten alten Kulturen der Welt nachweisbar, also keine indianische Besonderheit. Die Weltgesundheitsorganisation hat für diese Art der Heilkunde, die in einigen Stammesgesellschaften noch lebendig ist, ihre Wertschätzung ausgedrückt.

Die Form des traditionllen Schamanismus setzt allerdings sehr ursprüngliche Lebensformen und eine lebendige spirituelle Überlieferung in der Gemeinschaft voraus. Das ist in modernen Industriegesellschaften nicht gegeben. Die Inquisition hat letzte Reste einer solchen Kultur in Europa zerstört. Das Bedürfnis, an die alten schamanischen Traditionen anzuknüpfen ist groß. Aber die Gefahr der neubelebten "Übersetzung" des Alten liegt in unserer Neigung, alles in leicht konsumierbare Häppchen zu zerlegen. Schamanische Heilkunde bezieht sich auf ein tiefes menschliches Potential. Auch moderne Menschen können leichter Zugang finden, als meist angenommen wird. Dazu sind weder Drogen noch geheimnisvolle Trancetechniken nötig.

Während naturheilkundliche, psychologisch-soziale und weltanschaulich-spirituelle Beratungen in Lebenskrisen sonst oft getrennt stattfinden, werden die Fragen hier vernetzt – "ganzheitlich" – betrachtet. Klientinnen und Klienten lernen selbst ihr nicht alltägliches Universum kennen, um sich dort mit ihren helfenden "Geistwesen" zu verbünden. Zu dieser Arbeit gehören auch Heilrituale, die nach Möglichkeit die Familie oder Lebensgemeinschaft einbeziehen. Krankheiten sind hier "Lebewesen", nicht nur biochemische, emotionale oder energetische "Störfälle". Auch Medikamente haben einen persönlichen Charakter. Hier soll eine passende Kommunikation ermöglicht werden. Das ist besonders bei Langzeitverordnungen (z.B. Mistel) sinnvoll....

Eine offene Bereitschaft, sich selbst als Teil der Schöpfung zu erfahren, verbunden und kommunizierend, ermöglicht auch dem modernen Menschen Zugang zu einer schamanischen Heilkunde. In dieser alten Tradition liegt die Herausforderung, das Erfahrene auch zu leben. Heilung der Kommunikation auf allen Ebenen ist eine sehr alte und ganz moderne Idee. Der schamanische Weg geht da weiter, wo Bekanntes sonst endet.

Hildegard Fuhrberg
Brookkehre 11, 21029 Hamburg, Telefon: 040-7242420,
Telefax: 040-7242214, e-mail: con-sens@w4w.net
Weitere Verfahren: Innere Bilder, PT, Spagyrik
Niederlassung: 1980
Honorar: DM 70-90 pro Stunde
Weitere berufliche Aktivitäten: Ausbildungen in ihrem Seminar "con-sens", Entwicklung von traditionellen Heilritualen in modernen Gesellschaften

Shiatsu

Das Konzept

Diese Therapieform ist in Japan entstanden und verbindet traditionelle chinesische Akupressur mit einer speziellen Massagetechnik. Die zwölf Meridiane, das Konzeptionsgefäß und Lenkergefäß, stehen im Mittelpunkt der diagnostischen und therapeutischen Arbeit (s. auch Akupunktur). Auch hier geht es darum, den gestörten Fluß der Lebensenergie Qi zu harmonisieren, zu stimulieren oder mobilisieren. Diese Therapie wird auf dem Boden durchgeführt. Der Patient liegt angezogen auf einer Matte, der Therapeut arbeitet möglichst vollkommen entspannt, strapaziert seine Muskeln und Bänder nicht, nutzt aber für seine Arbeit sein Körpergewicht und setzt Finger, Hände, Ellenbogen und Füße ein. Die kreisenden, in ihrer Druckintensität unterschiedlichen Bewegungen rufen ein starkes Körpergefühl hervor. Zusammen mit sanften Rotationen der Extremitäten, Dehnungsgriffen und Streichungen entsteht eine harmonische Behandlung, die auf den Patienten wie ein kunstvolles, wohltuendes Ritual wirkt.

Kritische Bewertung und Grenzen

Menschen mit schwerwiegenden psychischen Erkrankungen (vor allem Psychosen) sollten nicht mit Shiatsu behandelt werden. Die Wirkung auf das psychische Befinden ist bisweilen intensiv – bei psychisch stabilen Menschen ist diese Wirkung aufbauend, bei psychisch labilen Menschen kann sie die Regression fördern und zu Krisen führen. Bei frischen Verletzungen und akuten Entzündungen sollte ebenfalls nicht behandelt werden.

Möglichkeiten

Wenn die Grenzen (oben) beachtet werden, kann Shiatsu die Lebensenergie aufbauen, was sich im Allgemeinbefinden und in der Stimmung am deutlichsten niederschlägt. Bewährt hat sich diese Methode außerdem bei folgenden Beschwerden und Erkrankungen:

- Schlafstörungen, innere Unruhe, Nervosität
- Leistungsabfall und chronische Müdigkeit
- Kopfschmerzen
- Rückenschmerzen
- Chronische Erkrankungen und ihre Folgen für das Allgemeinbefinden

Naturheilpraxen

Elvira Glück
Sillemstraße 106, 20257 Hamburg, Telefon: 040-40197372
Weitere Verfahren: Qigong, Shin Tai, meditative Körperarbeit, Psychotherapie
Niederlassung: 1994
Honorar: Einzelkonsultation (90 Minuten) DM 100, Gruppensitzung (90 Minuten), DM 25
Weitere berufliche Aktivitäten: Fachfortbildung für Heilpraktiker in Klienten-zentrierter Gesprächsführung, journalistische Tätigkeit

Renée Thissen
Waldenburger Straße 49, 22045 Hamburg, Telefon: 040-6534454
Weitere Verfahren: AP, FRZ, PT, BBT, Innere Bilder
Niederlassung: 1997
Honorar: DM 40-80 pro Behandlung
Weitere berufliche Aktivitäten: Yoga-Kurse, Fastengruppen, Heilkräuterwanderungen, Schamanische Reisen

Wasser-Shiatsu (Watsu)

Renate Kommert
Langenfelder Str. 64d, 22769 Hamburg,
Telefon: 040-435254, Telefax: 040-435254, e-mail: renatekom@aol.com
Weitere Verfahren: ganzheitliche Massage, Lymphdrainage, Meditation, Körperpsychotherapie / Niederlassung: 1987
Honorar: DM 100-120 Watsu pro Stunde, DM 100-120 Massage (90 Minuten), DM 110 Körperpsychotherapie pro Stunde
Weitere berufliche Aktivitäten: –

Traditionelle Chinesische Medizin

Das Konzept

Es gibt Heilweisen, deren Grundlagen so umfassend sind, daß es kaum möglich ist, in wenigen Sätzen die Methode und die ihr zugrunde liegende Idee zu beschreiben. Diese Darstellung erhebt nicht den Anspruch auf Vollständigkeit. Sie stellt nur einen Versuch dar, interessierten Patienten und Therapeuten dieses Heilsystem näherzubringen.

Die Chinesische Medizin blickt auf eine über 2000 Jahre alte Geschichte zurück – so weit lassen sich zumindest die schriftlichen Zeugnisse dieser Heilkunst zurückverfolgen. Beim Vergleich moderner westlicher und traditioneller chinesischer Denkweise fällt zunächst auf, daß Krankheit in der chinesischen Medizin in der Regel auf körperliche Ursachen zurückgeführt wird und daß die vielbeschworenen Unterschiede zwischen diesen Denksystemen eher einem Wunschdenken als der Realität entsprechen. So ist die beliebte Gegenüberstellung von "kurativ" im Westen und "prophylaktisch" im Osten oder "bloßer Kampf gegen den Erreger" im Westen gegenüber der "Wiederherstellung der Harmonie" im Osten eine sehr oberflächliche Betrachtungsweise. Auch die Vorstellung, die chinesische Medizin sei eine Art "Naturheilkunde", erweist sich als problematisch, weil der Naturbegriff in beiden Kulturen unterschiedlich ist. Einen Zugang zum System der traditionellen chinesischen Medizin bekommt man, wenn man sich mit den philosophisch-theoretischen Grundlagen vertraut macht. Zu diesen Grundlagen gehören:

- Das Yin-Yang-Prinzip
- Die Lehre von den fünf Wandlungsphasen oder Elementen
- Das System der Meridiane und Meridian-Punkte

Ein wichtiger Bestandteil der traditionellen chinesischen Medizin ist die taoistische Naturphilosophie, die davon ausgeht, daß zwei polare Kräfte – Yin und Yang – sich sowohl im Mikrokosmos als auch im Makrokosmos als Gegensätze gegenüberstehen. Yin steht dabei für das Passive, Weibliche, die Kälte oder die Finsternis. Yang verkörpert das Aktive, das Männliche, die Wärme oder das Licht. Aber diese Begriffe werden nicht absolut verstanden, sondern immer im Verhältnis zu etwas, das wärmer oder kälter, heller oder dunkler, passiver oder aktiver ist. So ist zum Beispiel Yang Wärme. Im Vergleich mit etwas, das noch wärmer ist, wäre es Yin. Beide sind immer Aspekte voneinander, sind voneinander abhängig und verwandeln sich ineinander. Ist der Mensch gesund, so befinden sich – etwas verkürzt gesagt – die beiden Kräfte in einem ausgewogenen Zustand, einem Gleichgewicht, das es im Krankheitsfalle wiederherzustellen gilt.

Zur Gesundheit gehört aber auch ein ausgewogenes Verhältnis der fünf Elemente: *Feuer, Wasser, Erde, Metall und Holz,* den grundlegenden Dingen, aus denen die Welt besteht und die für den menschlichen Lebensablauf notwendig sind. Die chinesischen Therapeuten sehen diese Elemente aber auch in ihrer helfenden oder vernichtenden Beziehung zueinander. So werden diese Elemente auch im Zusammenhang mit Lebensabläufen, Bewegungsrichtungen und Naturgeschehen wahrgenommen. Diesen Elementen entsprechen fünf biologische Entwicklungsstufen und bestimmte Körper- und Sinnesorgane *Geburt, Wachstum, Pubertät, Reifen, Speicherung.*

Auch die Organe sind nach dem Yin/Yang-Prinzip geordnet. So gibt es Yin-Organe, die passiv und speichernd sind, wie z.B. die Leber, oder Organe, die hohl, aktiv und bearbeitend sind, wie z.B. der Magen, der ein Yang-Organ darstellt. Wieder stark vereinfachend gesagt : Wenn das Gleichgewicht gestört ist und es im Energiestrom einen Überfluß – einen Yang-Zustand – oder einen Mangel – also Yin-Zustand – gibt, dann äußert sich dies als Krankheit oder Störung, spürbar als Schmerzhaftigkeit an bestimmten Punkten an der Hautoberfläche. Vernetzt man alle diese Punkte, die mit einem Organ in Verbindung stehen, so erhält man eine Linie, die die Europäer "Meridian" nennen. Durch sie fließt das "Qi" (Chi), dessen Bedeutung durch Übersetzung in Europa ("Energie" oder "Lebenskraft") nur begrenzt wiedergegeben wird. Solche Übersetzungsversuche geben Zeugnis von dem schwierigen "Transferprozeß" zwischen den Kulturen. Der Mediziner Thomas Ots nennt solche Versuche "Aneignung durch Umdeutung".

Die Diagnose stellt der "TCM"-Arzt oder -Heilpraktiker durch Betrachtung, Hören, Riechen, Fühlen und genaues Befragen. Die Fragen unterscheiden sich aber etwas von der in Europa üblichen Art der "Anamnese", die ja "Krankengeschichte" ist. Sie beziehen sich auf das Befinden, auf körperliche Beschwerden, Gewohnheiten und Vorlieben des Patienten. Die Zungendiagnose und die Pulsdiagnose, die beide sehr viel Erfahrung und eine gute Ausbildung erfordern, sind die speziellen Diagnoseformen. Für den Untersucher ist es zunächst wichtig, herauszufinden, welche Ursachen die Krankheit hat. Drei Ursachen kommen in Frage: äußere Ursachen (klimatische Einflüsse), innere Ursachen (Emotionen) und andere, "sonstige" Ursachen, zu denen auch die Konstitution des Patienten gehört. Dabei wird schon das Konzept sichtbar, das auch die moderne westliche Medizin integriert hat: Krankheit ist ein multifaktorielles Geschehen – deswegen war es den traditionellen chinesischen Medizinern wichtig, die Krankgewordenen zunächst einmal im Hinblick auf ihre Lebensführung und Ernährung zu beraten und dann die Arznei- und Akupunkturtherapie einzusetzen.

Im Mittelpunkt der chinesischen Medizin steht die Arzneitherapie und nicht, wie in Europa häufig angenommen, die Akupunktur. Die Arzneitherapie besteht meistens aus einer Mischung von 4 bis 12 Kräutern, denen auch Mineralstoffe oder tierische Produkte hinzugefügt werden können. Weitere Therapieformen der traditionellen chinesischen Medizin sind: Taijiquan, Qigong und die chinesische Heilmassage, auf die hier nicht vertiefend eingegangen werden kann.

Kritische Bewertung und Grenzen

Eine moderne Diagnostik sollte die TCM-Diagnostik dann ergänzen, wenn aufgrund der Beschwerden nicht sicher eine schwere Erkrankung ausgeschlossen werden kann. Die TCM-Diagnostik bezieht sich auf ganz andere Krankheitsbilder, als sie heute üblich sind. Schwere Organveränderungen und Krebs können unter Umständen zwar im chinesischen Sinne gedeutet, aber dennoch als "Diagnosen" übersehen werden. Für einige schwerere Entgleisungen stehen heute einfach wirksamere medikamentöse und auch entlastende operative Therapien zur Verfügung, die den traditionellen chinesischen Ärzten noch unbekannt waren. Sie sollten auf keinen Fall versäumt werden. Kritiker sehen vor allem in den importierten Arzneien, die hier nicht als Heilmittel zugelassen sind, eine Gefahr. Manchmal mußten die Kräutermischungen aus dem Verkehr gezogen werden, weil sie Cortison oder Barbiturate enthielten oder die Giftpflanzen einen zu hohen Giftanteil aufwiesen. Dies ist allerdings nicht der TCM anzulasten, sondern der speziellen Vermarktung der Medizin. Gute TCM-Therapeuten kennen in der Regel die Quellen, aus denen sie ihre Heilmittel beziehen. Die chinesische Medizin erkennt zwar emotionale Belastungen als Krankheitsursachen an, aber aus spezifischen kulturbedingten Gründen weist sie psychischen Erkrankungen keinen Platz in ihrem Heilsystem zu.

Möglichkeiten

In den Händen eines gut ausgebildeten Praktikers, der nach dem umfassenden Konzept der TCM arbeitet, ist diese Therapie bei allen Krankheiten einsetzbar, die nicht so weit fortgeschritten sind, daß nur noch das Messer oder sehr "mächtige" synthetische Medizin helfen können. Leichte und mittelschwere akute Störungen und die meisten chronischen Krankheiten, Funktionsstörungen und Schmerzzustände sprechen auf die chinesische Heilkunst an. Als Patient sollten Sie bereit sein, etwas in ihrem Leben zu verändern, diszipliniert Ihre chinesischen Kräuter zuzubereiten und einzunehmen und an Ihrem Heilungsprozeß mitzuarbeiten. Dogmatische Vorschriften und Verbote sind in der chinesischen Medizin nicht üblich – auch darin liegt eine Chance: So wird die Zeit der Behandlung nicht zum "Ausnahmezustand", den man danach schnell wieder hinter sich läßt.

Naturheilpraxen

Ute Helwich
Bullskamp 2, 22159 Hamburg, Telefon: 040-664303
Weitere Verfahren: Onkologische Begleittherapien, HOM, BBT, Ayurveda
Niederlassung: 1997
Honorar: DM 40 AKP pro Sitzung, DM 80-90 Massagen
Weitere berufliche Aktivitäten: Yoga-Kurse, Reiki-Seminare

Monika Hermes
Sprützmoor 88c, 22547 Hamburg
Telefon: 040-844433, Telefax: 040-844433
Weitere Verfahren: –
Niederlassung: 1996
Honorar: Erstkonsultation DM 80, Folgekonsultationen DM 40
Weitere berufliche Aktivitäten: Kurse in Energiearbeit

Petra Hinterthür
GUANYIN-Zentrum für Qigong, Tanz und Meditation
Eppendorfer Landstraße 105, 20251 Hamburg
Telefon: 040-476446, Telefax: 040-476446
Weitere Verfahren: APM
Niederlassung: 1995
Honorar: DM 80-100 pro Stunde
Weitere berufliche Aktivitäten: Organisation und Durchführung von Seminaren für Qigong

Christian Hütköper
Steilshooper Straße 52, 22305 Hamburg
Weitere Verfahren: –
Niederlassung: 1997
Honorar: Erstkonsultation DM 120, Folgekonsultationen DM 70
Weitere berufliche Aktivitäten: Seminare für TCM

Barbara Kirschbaum
Osterstraße 83, 20259 Hamburg
Telefon: 040-4918007, Telefax: 040-4918006
Weitere Verfahren: –
Niederlassung: 1980
Honorar: Erstkonsultation DM 100, Folgekonsultationen DM 70
Weitere berufliche Aktivitäten: Veröffentlichungen, Vorträge, Sprecherin auf vielen Kongressen

Sigrid Molineus
Bahrenfelder Straße 169, 22765 Hamburg
Telefon: 040-3908146, Telefax: 040-391678
Weitere Verfahren: –
Niederlassung: 1989
Honorar: DM 100 pro Stunde
Weitere berufliche Aktivitäten: Yogaunterricht

Die Heilpraktiker

Dieser Beruf ist eine deutsche Besonderheit. Kaum ein anderes Land der Welt duldet in gesetzlich festgeschriebener Form einen Heilberuf, in dem man – ohne den Ärzten untergeordnet zu sein – selbstverantwortlich heilerisch tätig sein kann. Voraussetzung ist die Erlaubnis des zuständigen Gesundheitsamtes, die auf einer bestandenen Überprüfung beruht. Den Beruf des Heilpraktikers kann man in Deutschland als "etabliert" bezeichnen. Noch vor gut 60 Jahren konnte sich jeder ein Schild vor die Tür hängen: "Heilpraktiker" – und seine Tätigkeit ohne weitere Kontrolle ausüben. Heute müssen die Anwärter ihr medizinisches Grundwissen unter Beweis stellen. Immer wieder hört man: "Heilpraktiker? Das kann doch jeder machen!" In gewisser Weise stimmt das zwar; es ist ein Beruf, den man auch noch in höherem Lebensalter, als zweiten Beruf oder als neuen Start nach der Erziehungsphase anstreben kann. Das bedeutet aber nicht, daß man keinerlei Voraussetzungen dafür braucht. Die mangelhafte Wertschätzung in gewissen Kreisen der Bevölkerung beruht auf Vorurteilen, die einerseits aus eben dieser Zeit stammen, andererseits auf der Vorstellung, nur akademische Berufe oder Berufe mit einer staatlich kontrollierten Ausbildung seien "wirklich etwas wert".

Die meisten Menschen, die sich auf diesen Weg machen, haben schon eine Menge Lebenserfahrung hinter sich. Erfahrung mit Menschen, im Team, im Beruf, in der Familie. Sie haben vielleicht Krankheit und Heilung am eigenen Leibe erlebt. In den meisten alten Kulturen war so eine Erfahrung der eigenen Verletzlichkeit traditionelle Grundvoraussetzung für den Zugang zu einem heilenden Beruf – die sogenannte "Initiation". Heilpraktiker sind zwar nicht zwangsläufig Menschen mit einer besonderen Begabung zum Heilen – sie können genauso gut oder schlecht arbeiten, wie es auch in anderen Berufen üblich ist. Aber diese Tätigkeit bietet Menschen eine Möglichkeit, die eine heilerische Begabung haben oder besonders motiviert sind, mit anderen Menschen aufbauend zu kommunizieren.

Der Heilpraktikerberuf birgt kreatives und konstruktives Potential, eine Lücke zu schließen, die bisher weder von der etablierten Medizin noch von der Psychotherapie geschlossen werden konnte. Natürlich gibt es auch unter den Heilpraktikern die "Möchte-gern-Ärzte", die sich chronisch selbst überschätzen und mit jovialem Schulterklopfen sagen: "Das kriegen wir schon hin!"

Es gibt aber auch – und das ist mit Sicherheit die größere Zahl – solche, die sich mit großem Sachverstand, hoher Motivation und Verantwortungsgefühl auf den Weg machen, mit Hilfe ihrer jeweiligen Methode leidenden Menschen zur Seite zu stehen, sie zu begleiten und, wo möglich, Heilung oder Linderung zu bringen. Hier geht es nicht so sehr darum, "grüne Schulmedizin" zu machen – dies Kraut gegen Kopfweh, ein anderes gegen den Husten. Das können naturheilkundlich ausgebildete Ärzte genauso gut, wenn nicht besser. Angestrebt wird vielmehr ein individueller Zugang zum Menschen und seinem Kranksein, eine sehr persönliche Art der Diagnostik und Therapie.

Heilpraktiker sind also keine Alternativmediziner, sie sind ein völlig anderer Berufsstand. Medizin und Heilpraktik können sich ergänzen und gegenseitig unterstützen. In akuten, lebensbedrohlichen Zuständen, wo die Selbstheilungskräfte gelähmt sind, wird es die Schulmedizin sein, die mit ihren sehr eingreifenden Methoden quasi gewaltsam Ordnung schafft. Aber in den vielen Fällen chronischen Krankseins, in den Zuständen irgendwo zwischen Gesundheit und Krankheit, bei leichten bis mittelschweren akuten Krankheiten kann eine Behandlung durch den Heilpraktiker hilfreich und unterstützend sein.

Gesetzliche Grundlagen

Die Berufsbezeichnung "Heilpraktiker" ist in Deutschland gesetzlich geschützt. Seit 1939 müssen alle, die sich als Heilpraktiker niederlassen wollen, eine "Erlaubnis zur Ausübung der Heilkunde ohne Bestallung" besitzen (ohne "Bestallung" heißt: ohne als Arzt approbiert zu sein). Die Urkunde mit dieser Erlaubnis erhält aber nur, wer sich bei der zuständigen Gesundheitsbehörde einer Überprüfung unterzogen hat. "Bestanden" heißt hier, daß der Kandidat überzeugen konnte, keine "Gefahr für die Volksgesundheit" zu sein.

Bis vor zwei Jahren waren diese Überprüfungen von Bundesland zu Bundesland so unterschiedlich, daß es einen regelrechten "Prüfungstourismus" in die Städte oder Landkreise gab, in denen die Überprüfung "leicht" war. Seit zwei Jahren ist die Überprüfung weitgehend vereinheitlicht, so daß es nicht mehr möglich ist, mit äußerst mangelhaften medizinischen Kenntnissen zu bestehen. In Ansbach ist ein Fragenpool erarbeitet worden, aus dem sich die übrigen Bundesländer bedienen können. Zweimal im Jahr finden die schriftlichen Überprüfungen bundesweit statt – Anfang März und Anfang Oktober. Es werden 60 Fragen – teils "Multiple choice", teils selbst zu beantwortende Fragen – gestellt, von denen 75 Prozent richtig beantwortet werden müssen. Nach bestandener schriftlicher Überprüfung kommt man "ins Mündliche". Je nach Bundesland überprüft hier ein Amtsarzt oder eine Kommission aus Ärzten und Heilpraktikern. In Hamburg überprüft ein Amtsarzt allein (in Begleitung eines Tonbandgerätes). In manchen Bundesländern wird in Gruppen oder im Duo geprüft, in den meisten aber immer nur ein Anwärter allein. Praktische Fähigkeiten werden nur sehr eingeschränkt geprüft – meistens gar nicht. So eine mündliche Überprüfung dauert zwischen 20 Minuten und einer guten Stunde.

Es ist nicht ganz leicht, die Überprüfung zu bestehen. Die Durchfallquoten liegen zwischen 40 Prozent und 90 Prozent im Schriftlichen, zwischen 20 Prozent und 40 Prozent im Mündlichen. Hat man bestanden und seine Urkunde erhalten, dann kann man sich im ganzen Bundesgebiet niederlassen. Das ist allerdings nicht einfach durch Aufnahme der Tätigkeit im "Wohnzimmer" möglich. Man muß mit seiner Urkunde bzw. einer beglaubigten Kopie und seinem Ausweis zu dem Gesundheitsamt gehen, das für die Praxis zuständig ist. Dort wird dann geprüft, ob die Räume vom Bauamt als Praxisräume "zweckentfremdet" werden dürfen. In reinen Wohngebieten kann das strenger gehandhabt werden, in gewerblich genutzten Stadtteilen ist es in der Regel kein Problem, eine Praxisgenehmigung zu erhalten.

In sehr dicht bewohnten Gebieten kann die Behörde das Auslösen von "baulastfreien Autostellplätzen" fordern. In Hamburg kommt es sehr auf den Stadtteil an, in dem man sich niederlassen möchte. In Randgebieten oder anderen Bundesländern können die Bestimmungen wieder ganz anders sein. Wichtig ist, sich vor Anmietung und Einrichtung einer Praxis beim zuständigen Bauamt zu erkundigen, welche Auflagen erfüllt werden müssen. In den meisten Fällen kann man sogar einen Teil der eigenen Wohnung gewerblich nutzen, ohne daß dies unter die Zweckentfremdungsverordnung von Wohnraum fällt. Wichtig ist, daß eine zweite Toilette für die Patienten zur Verfügung steht.

1939 wurde das sogenannte "Heilpraktikergesetz" (HPG) erlassen . Das "Gesetz zur Ausübung der Heilkunde ohne Bestallung", so die korrekte Bezeichnung, wurde 1974 geändert durch Artikel 53 des EGStGB. Im Gesetz wird definiert, was unter Heilkunde zu verstehen ist: "Ausübung der Heilkunde im Sinne dieses Gesetzes ist jede berufs- oder gewerbsmäßig vorgenommene Tätigkeit zur Feststellung, Heilung oder Linderung von Krankheiten, Leiden oder Körperschäden bei Menschen, auch wenn sie im Dienste von anderen ausgeübt wird." Immer wieder wird von einer Neuauflage des Gesetzes gesprochen, bisher gibt es aber noch nicht einmal einen Entwurf.

Die Idee, dieses Gesetz eines Tages vielleicht ganz streichen zu können, ist schon vor geraumer Zeit aufgegeben worden. Als nämlich eine von Bonn in Auftrag gegebene Umfrage jährlich etwa 15 Millionen Patientenkontakte bei 9000 bis 12000 Heilpraktikern ergab, galt der "Bedarf" in der Bevölkerung als nachgewiesen. Die immer wieder befürchtete "Abschaffung der Heilpraktiker" liegt also in weiter Ferne und wird vermutlich nicht einmal erwogen. Das Heilpraktikergesetz ist die einzige wirklich verbindliche Rechtsgrundlage für alle Heilpraktiker. Darüber hinaus haben sich die Heilpraktiker selbst eine Berufsordnung gegeben (BOH), die als eine Arbeitsgrundlage mit ethischen Richtlinien zu verstehen ist. Sie regelt Sachverhalte, die gesetzlich nicht eindeutig sind, wie Sorgfaltspflicht, Fortbildungspflicht und Dokumentationspflicht. Die Gebührenordnung der Heilpraktiker (GebüH) stammt aus dem Jahre 1985 und wurde vom Bundeskartellamt überprüft und genehmigt. Die Honorare sind dementsprechend unangepaßt und sehr niedrig, gemessen an dem zeitlichen und persönlichen Aufwand der Heilpraktiker. Das hat dazu geführt, daß die Honorare heute etwas flexibler gehandhabt werden, was gelegentlich Anlaß zu Schwierigkeiten mit der Erstattung gibt. Es ist deshalb ratsam, sich vorher zu erkundigen, wie die Erfahrungen des Therapeuten mit der Erstattung sind und wie sehr die Honorare von dem abweichen, was die GebüH zugrundelegt.

Ausbildung

Um die Überprüfung zu bestehen, braucht man heute ein solides medizinisches Grundwissen, eine klare Vorstellung von den eigenen Grenzen und auch therapeutisches "Know how". Selbst wenn es immer wieder Heilpraktiker gibt, die es "mit links", "Crash-Kurs" oder "minimalem Aufwand" geschafft haben, so ist es doch nicht verantwortungsvoll, mit derartig geringer Basis eine Tätigkeit aufzunehmen, in die kranke Menschen, auch Schwerkranke Vertrauen und Hoffnung setzen. Es ist zwar keine schulische Ausbildung vorgeschrieben, aber die meisten, die sich dieser Überprüfung unterziehen, wählen inzwischen doch ein fundiertes Studium. Da dies jedoch nicht staatlich geregelt ist, muß der Start in diesen Beruf aus eigener Tasche finanziert werden. Manchmal ist das ein harter Weg. Für die meisten ist es der zweite oder ein spät gewählter erster Beruf, der nur berufsbegleitend zu bewältigen ist. Und so kommen für viele nur bestimmte Zeiten oder Wochenenden in Frage. Die meisten Schulen tragen diesem Bedürfnis Rechnung und bieten entsprechende Kurse an. Sinnvoll ist es, eine Zeit von 2-3 Jahren zu veranschlagen. Je nachdem, wie der Unterricht strukturiert ist und welche Inhalte über das Prüfungswissen hinaus vermittelt werden, sind 8 - 20 Stunden pro Woche ein realistischer Zeitrahmen.

Immer kommt es auf die eigene Motivation an, auf die Fähigkeit, das Angebotene auch aufzunehmen, auf gute Lehrer, die schwierige Sachverhalte durchdrungen haben und in einfachen Worten erklären können. Diese beiden Faktoren verkürzen die Ausbildungszeit und Kosten erheblich. Deshalb ist es am sinnvollsten, sich nicht an Stundenzahlen, Zeiten und Stoffülle der Broschüren zu orientieren, die von den meisten Schulen herausgegeben werden, sondern Probeunterricht zu vereinbaren, um sich selbst ein Bild von Didaktik, Inhalt und Atmosphäre zu machen. Hospitationen sind in den meisten Schulen möglich. Man sollte, wenn möglich, einen Unterrichtsstoff dafür wählen, der fremd ist und vielleicht eher zu den "trockenen" Gebieten der Ausbildung gehört, um die Qualität des Unterrichts einschätzen zu können.

Ein anderer Ausbildungsweg führt über kleine Gruppen, die sich von einem Heilpraktiker in dessen Praxis unterrichten lassen. Auch hier kann man viel lernen; eine kleine Gruppe motiviert und unterstützt sich gegenseitig, und das Lernen bekommt einen sehr intensiven, persönlichen Aspekt. Letztendlich muß jeder angehende Heilpraktiker sich sein Ausbildungskonzept selbst auf den Leib schneidern. Wo man die Schwerpunkte setzt, hängt wesentlich ab von Vorwissen, angestrebter Tätigkeit und Vertrauen in die eigene Lernfähigkeit und Disziplin. Wer aber eine Schule absolviert oder in einer Gruppe lernt, muß, um zur Überprüfung zugelassen zu werden, einige Voraussetzungen erfüllen. Sie stehen in der "1. Durchführungsverordnung (DVO) zum Gesetz über die berufsmäßige Ausübung der Heilkunde ohne Bestallung":

1. Der Antragsteller muß in Deutschland leben.
2. Eine gültige Aufenthaltsgenehmigung muß vorliegen.
3. Ein einwandfreier Leumund (Führungszeugnis) muß nachgewiesen werden.
4. Eine abgeschlossene Hauptschulausbildung ist Mindestvoraussetzung.
5. Es dürfen keine körperlichen oder geistigen Krankheiten vorliegen, worunter besonders Infektionskrankheiten und Süchte erwähnt werden, die die Ausübung dieses Berufes einschränken könnten.
6. Das 25. Lebensjahr muß zum Zeitpunkt der Überprüfung vollendet sein.

Ausbildungsmöglichkeiten in Hamburg

Die vorgestellten Schulen stellen nicht das gesamte Spektrum der Ausbildungsmöglichkeiten dar. Auch hier waren das Branchenbuch und die zurückgesandten Fragebögen entscheidend für die Aufnahme in dieses Buch. Kürzere oder längere Texte sind durch die übermittelten Informationen oder aus dem Werbeauftrag entstanden und stellen keine Bewertung dar.

Alchemilla e.V.
Verein zur Förderung der Selbstheilungskräfte von Frauen
Bartelstraße 12, 20357 Hamburg, Telefon: 040-4303629
Büro: Anke Rieken – Di - Do 10-15 Uhr
Die Schule "Alchemilla" hat Tradition und ist ein selbstverwaltetes Ausbildungsprojekt nur für Frauen. Es besteht seit 1986 und bietet den Studentinnen eine Ausbildung zur Heilpraktikerin mit einem breiten Therapiespektrum an. Den Unterricht erteilen vorwiegend erfahrene Praktikerinnen, die von den Studentinnen selbst ausgewählt werden.
Zeit: 3-4 Termine pro Woche / ca. 20 Stunden tagsüber
Kosten: DM 340 im Monat
Dauer: 3 Jahre

Amara – Schule für Heilpraxis und Naturheilkunde
Am Born 19, 22765 Hamburg
Telefon: 040-3904484, Fax: 040-3906665
Büro: Mo-Fr 10-13 Uhr
Die Schule in Altona mit ihrem engagierten Lehrer-Team besteht seit 1992 und bietet angehenden Heilpraktikern ein vielseitiges Spektrum an Fachfortbildung und Ausbildung. Teilzeit- und Vollzeitstudium sowie ein individuelles "Modulstudium", Prüfungsvorbereitung, Ambulatorium und Sonderseminare stehen auf dem Programm. Auch auf die Überprüfung für die Ausübung der Psychotherapie kann man sich hier vorbereiten lassen. Die Preise für die Fachausbildungen bewegen sich je nach Gebiet und Zeit von DM 280 bis DM 7500.
Heilpraktikerausbildung:
Zeit: Einmal wöchentlich mit Sonderseminaren oder viermal wöchentlich,
Kosten: Zwischen DM 7560 zuzüglich DM 325 oder DM 10560 zuzüglich DM 445, Modulstudium DM 4580
Dauer: 2 Jahre

Arcana-Heilpraktiker-Fachschule
Conventstraße 14, 22089 Hamburg
Telefon und Fax: 040-2512151
Diese Schule besteht seit 1993, aber eigentlich hat sie eine viel längere Tradition. Als Fachverbandsschule des Fachverbands Deutscher Heilpraktiker hat sie 1994 angeknüpft an die letzten zwei Jahrzehnte, in denen die Norddeutsche Heilpraktiker Fachschule Menckesallee eine ganze Generation von Heilpraktikern ausgebildet hat. So ist auch das ursprüngliche, lange unterrichtserfahrene Kollegium fast geschlossen in dieser Schule angetreten, bereichert um Kollegen aus der ehemaligen Schülerschaft. Schüler und Lehrer haben die Schule 1993 gemeinsam neu gegründet; deshalb ist das Konzept der Schülermitbestimmung selbstverständlich.
Die Ziele – fundierte, berufsvorbereitende Grundausbildung auf hohem Niveau, Förderung der Naturheilkunde und die Verbindung von Theorie und Praxis – scheinen nicht zu hoch gesteckt, denn die dreijährige Vollzeitausbildung umfaßt 3000 Unterrichtsstunden. Der Kenntnisstand muß immer wieder unter Beweis gestellt werden – am Ende mit einer schulinternen Abschlußprüfung und Zertifikat. Verschiedene Therapie- und Diagnoseverfahren stehen genauso im Lehrplan wie die praktische Arbeit im Ambulatorium und in den Praxen.
Der Unterricht im festen Klassenverband führt erfahrungsgemäß zu regem Austausch über die unterschiedlichen Anschauungen. Eine gute Übung für die spätere Arbeit: Toleranz und Achtung für seine Patienten aufzubringen kann man hier einüben. Zeit: Mo - Fr 9-13 Uhr, im 3. Jahr zusätzlich Mittwoch Nachmittag Ambulatorium
Kosten: Die Einschreibgebühr beträgt DM 250, die monatliche Schulgebühr DM 546, die private Abschlußprüfungsgebühr DM 250 (nicht identisch mit der Prüfung durch die Behörde)
Dauer: 3 Jahre

ATP-Heilpraktiker-Schule
Mittelweg 151, 20148 Hamburg
Telefon: 040-6080100 und 418179
Die Schule besteht seit 1986 und wird seit einigen Jahren von der Heilpraktikerin Ilse Roßmann engagiert geleitet. Sie bietet berufsbegleitende Heilpraktikerausbildungen und Intensikurse an. Interessierte, aber noch Unentschlossene können kostenlosen Probeunterricht vereinbaren. Der Unterricht findet in festen Klassen mit maximal 15 Teilnehmern statt.

Zeit: Vollausbildung einmal wöchentlich 18-21 Uhr, einmal monatlich Wochenendseminar, Intensivkurs: Mi-So ganztags
Kosten: Vollausbildung : DM 360 / Monat,
Intensivkurs: DM 550 / Monat. Keine Einschreibgebühren
Dauer: Vollausbildung 27 Monate, Intensivkurs 11 Monate

Die Grüne Schule

Schulweg 24, 20259 Hamburg
Telefon: 040-409298, Fax: 040-4015399
Beim Heilpraktiker Lars Trittmacher, Leiter des Naturheilzentrums Schulweg, kann man in kleinen Gruppen, Abendkursen und an Wochenenden in zweieinhalb Jahren eine Heilpraktikerausbildung absolvieren. Auf Wunsch wird auch Ambulatorium, also praktische Arbeit mit Patienten, angeboten. Die Kosten variieren je nach Zuschnitt des Unterrichts.

Hamburger Institut für Klassische Homöopathie

Mittelweg 121, 20148 Hamburg
Telefon: 040-440221 u. 440177, Fax: 040-417134 und
e-mail: CBunsen@compuserve.com., Büro: Mo - Fr 10-13 Uhr, außer Mi.
Dieses Institut besteht seit 1985 und bildet Heilpraktiker und Homöopathen aus, bietet aber auch Ärzten und Psychotherapeuten qualifizierte Fortbildung. Angehende Psychotherapeuten ("Kleiner Heilpraktiker") werden hier ebenfalls auf ihre Überprüfung vorbereitet. Der berufsbegleitende Unterricht folgt einem Konzept, dessen Anliegen es ist, das Denken in Zusammenhängen, den diagnostischen Blick und einen klare therapeutische Haltung zu ermöglichen. Er wird von erfahrenen Heilpraktikerinnen geleitet, Fortbildungen auch von Gastdozenten. Die besondere Einrichtung des Instituts ist neben der fundierten zweijährigen Ausbildung in der Klassischen Homöopathie eine Fortbildung zu Einzelthemen, die aus verschiedenen Perspektiven des Heilens beleuchtet werden und unter dem Titel "Therapeutische Phantasie" Angehörigen aller Heilberufe offensteht. Heilpraktiker- und Homöopathie-Ausbildung: Zeit: Nur Heilpraktiker- oder Homöopathie-Ausbildung: einmal wöchentlich, beide kombiniert: zweimal wöchentlich, tagsüber / Kosten: Einzeln DM 200 pro Monat, kombiniert DM 370 pro Monat, Seminare "Therapeutische Phantasie" DM 60
Dauer: 2 Jahre / Vorbereitung auf die Psychotherapie-Überprüfung:
DM 1750 (45-Stunden Kurs)

Paracelsus Schule

"Deutsche Paracelsus Schule Hamburg"
Drosselstraße 1, 22305 Hamburg
Telefon: 040 - 6911191

Seit Jahrzehnten bietet die Hamburger Paracelsus Schule eine gleichbleibend hohe Qualität in der Ausbildung angehender Heilpraktiker. Die Schulleiterin Frau Schulze-Ammermann führt die Hamburger und Kieler Schule mit viel Engagement und Sensibilität. Über 500 Schüler lernen hier nicht nur das medizinische Know-how, das ihnen von Ärzten, Heilpraktikern und Psychologen vermittelt wird, sondern können auch in den angegliederten Lehrpraxen die ersten praktische Schritte tun. Wichtigstes Anliegen ist, daß die angehenden Heilpraktiker nicht nur mit fundiertem Wissen die Schule verlassen, sondern das Gelernte auch umsetzen können.

Neben dem Unterricht wird den Schülern, aber auch naturheilkundlich Interessierten ein großes Spektrum an Fachqualifikationen, Sonderausbildungen und Seminaren angeboten. Von A wie Akupunktur über K wie Kindertherapeut bis Z wie Zen-Shiatsu finden Interessierte im Lehrangebot dieser Schulen eine Vielzahl alternativer Heilverfahren, die ihnen einen kompetenten Einstieg ins Praxisleben ermöglicht.

Die über 70 Paracelsus-Schulen im Bundesgebiet stehen natürlich in engem Kontakt miteinander und fördern sich gegenseitig mit kreativen und innovativen Ideen.

Sie können sich persönlich bei Frau Schulze-Ammermann von der guten Atmosphäre in den großzügigen Räumen dieser Schule überzeugen. Sie freut sich über Ihren Besuch!

Zeit: Wochenendstudium, Abendstudium oder tägliches Vollzeitstudium

Kosten: Wochenend- oder Abendstudium: jeweils 24 Monate, Basislehrgang und praktische Naturheilkunde bei Barzahlung DM 11.475,
Vollzeitstudium: Basislehrgang und praktische Naturheilkunde jeweils 24 Monate bei Barzahlung DM 14.365; verkürztes Intensivstudium: 14 Monate bei Barzahlung DM 12.545

Dauer: jeweils 24 Monate oder 14 Monate

Schule der Homöopathie in Hamburg
Friesenweg 5d, 22763 Hamburg
Telefon: 040-88913393, Fax: 040-88913396
Die Leiterin der 1997 gegründeten Schule, Petra Bindia Schmieder, hat mit großem Engagement und nach langjähriger Unterrichtserfahrung dieses Projekt in Angriff genommen. Der frische Wind des Neubeginns und Qualitätsanspruch sind Kennzeichen dieser Einrichtung. Das spürt man sofort, wenn man die Schule betritt. Sie ist entstanden aus der Arbeit des "Homöopathie-Forums" in Gauting, das sich um die Durchsetzung und Anerkennung bestimmter Qualitätskriterien in der Homöopathie bemüht. Zusammen mit einer internationalen Kommision nichtärztlicher Homöopathen werden Anforderungen erarbeitet, die den Patienten einen hohen Ausbildungsstandard ihrer homöopathisch arbeitenden Therapeuten garantieren. Aber nicht nur Aus- und Fortbildung in der Klassischen Homöopathie ist das zentrale Anliegen, sondern auch eine fundierte Heilpraktiker-Ausbildung.
Zeit: Zweimal wöchentlich, kombiniert viermal wöchentlich
Kosten: Kombiniert DM 490, einzeln DM 290 monatlich
Dauer: 3 Jahre

...und "last but not least" noch eine sehr wichtige Adresse:

Monika Rommel
Eppendorfer Weg 109, 20259 Hamburg
Telefon: 040-4917964
... ist eine Traditionsadresse in Hamburg, was Prüfungsvorbereitung für Heilpraktiker nach Abschluß einer Ausbildung betrifft. Seit über 15 Jahren gibt sie Anwärtern den "letzten Schliff", und das in einer entspannten Atmosphäre!
Die Kosten variieren je nach Gruppengröße oder Einzelstunden und liegen zwischen DM 40 und DM 80.

Fortbildung außerhalb der Schulen

Akupunktur-Ausbildungszentrum Nord
Udo Lorenzen
Projensdorferstr. 14, 24106 Kiel, Telefon: 0431-330301

Institut für alternative Heilverfahren (IfaH)
Repsoldhaus, Repsoldstraße 49, 20097 Hamburg
Telefon: 040-2804257, Fax: 040-28051333
Dieses Institut, gegründet 1998, bietet neben dem Praxisbetrieb ein breites Spektrum naturheilkundlicher Fortbildung, aber keine Heilpraktikerausbildung an. Mehrere manuelle Therapeuten und Atemlehrer bieten ihre Dienste auch in Form von Vorträgen und Seminaren für Firmen und Gruppen an. Preise sind zu vereinbaren.

Integrative Medizin
Habichthorst 8, 22459 Hamburg
Telefon und Fax: 040-46882399
Die Heilpraktikerin Sybille Liem bietet seit 1997 Weiterbildung für Heilpraktiker, Ärzte, Krankengymnasten und Masseure an. Ihre Qualifikationen liegen auf dem Gebiet der alternativen manuellen Heilmethoden sowie Akupunktur und Homöopathie. Sie bietet ein taoistisches Jahrestraining an. Wochenendseminare kosten DM 300.

Netzwerk für Taijiquan und Qigong e.V.
Weidenstieg 18, 20259 Hamburg
Telefon: 040-40197048

Pharmakologie-Zentrum (Traditionelle Chinesische Medizin)
Barbara Kirschbaum & Walter Geiger
Osterstraße 83, 20259 Hamburg, Telefon: 040-463936
Ausbildung im Umgang mit chinesischen Arzneimitteln

Seminar Con-sens – Weiterbildung für Frauen in Heilberufen
Brookkehre 11, 21029 Hamburg
Telefon: 040-7242420, Fax: 040-7242214
e-mail:con-sens@w4w.net
Das Seminar wurde von der Heilpraktikerin Hildegard Fuhrberg 1997 gegründet. Nach langer Unterrichtserfahrung, mit ihrem Engagement speziell

auf dem Gebiet der kritischen Auseinandersetzung mit dem Paradigma "Ganzheitlichkeit" und der Geschichte der Heilerinnen bietet sie unterschiedliche Aus-und Fortbildungen für Frauen in Heilberufen an. Ihr Schwerpunkt liegt auf dem Gebiet der Schamanischen Heilkunde. Außerdem können Interessentinnen bei ihr Seminare im Ambulatorium, in Therapeutischer Mineralogie, Dunkelfeld, Pflanzenheilkunde und Kinderheilkunde belegen. Die Kosten variieren sehr nach Gruppengröße. Hier eine Orientierung: Zeit: An Wochenenden und in den Sommerwochen oder einzelne Wochenenden zu speziellen Themen.
Kosten: Für die dreijährige Ausbildung ca. DM 18 pro Gruppenstunde, für Wochenendseminare (2x8 Stunden) DM 360, für den Wochenendlaborkurs in Dunkelfeldmikroskopie (2x8 Stunden) DM 450
Dauer: 3 Jahre oder Einzelwochenenden

Similia – Schule für Klassische Homöopathie in Hamburg
Träger: Verein zur Förderung der Klassischen Homöopathie nach
Samuel Hahnemann e.V., Vorsitz: Roland Methner
Bahrenfelder Straße 169, 22765 Hamburg
Telefon:040-396579, Fax:040-391678
Büro: Auf dem Kamp 8, 24568 Kaltenkirchen,
Telefon: 04191-959624, Telefax: 040-04191-959624
Unterricht in der Arcana-Heilpraktikerschule,
Conventstraße 14, 22089 Hamburg
Diese 1997 gegründete Schule bietet eine theoretische und praktische Ausbildung in Klassischer Homöopathie an. Die Dozenten sind langjährig praxis- und unterrichtserfahren, und das fließt wohltuend in den Unterricht mit ein. Zeit: Jeden Mittwoch 18.30-21.30 Uhr und ein Wochenende im Monat (Sa 10-18, So 10-15)
Kosten: DM 340 im Monat zuz. DM 130 Einschreibgebühr
Dauer: Eineinhalb Jahre

SHIATSU-Schule
Oelkersallee 33, 22769 Hamburg
Telefon: 040-4301885, Telefax: 040-434061

Heilpraktikerverbände

Verband Deutscher Heilpraktiker e.V.
Ernst-Grote-Straße 13, 30916 Isernhagen
Telefon: 0511-61698-0, Telefax: 0511-61698-20
Regionalvertreter Hamburg: Eckard Koschyk, Borndeel 18, 22453 Hamburg
Telefon: 040-582900

Fachverband Deutscher Heilpraktiker Landesverband Hamburg e.V.
Conventstraße 14, 22089 Hamburg
Telefon: 040-257575, Telefax: 040-257576

Lachesis e.V. Berufsverband für Heilpraktikerinnen
Rilkestraße 40, 53225 Bonn, Telefon: 0228-420027
Regionalstelle Nord:
Ingrid Stoll, Faberstraße 15, 20257 Hamburg
Telefon: 040-8501850

Was bezahlen die Krankenkassen?

Immer wieder fragen sich die Patienten der Heilpraktiker, warum eigentlich ihre gesetzliche Krankenkasse die Kosten für eine Heilpraktikerbehandlung nicht bezahlt.

Es ist einfacher, aber auch nicht ohne Hürden, ein vom Arzt praktiziertes alternatives Verfahren von der gesetzlichen oder privaten Krankenkasse erstattet zu bekommen. Je "privater" die Kasse und je höher der Tarif, desto sicherer wird alles bezahlt, wenn es "dem allgemeinen Stand der medizinischen Erkenntnisse entspricht und den medizinischen Fortschritt berücksichtigt" – so weit das Gesetz (5. Sozialgesetzbuch, § 2). Gesetzlich Versicherte und freiwillig in gesetzlichen Krankenkassen Versicherte können deshalb mit einer Erstattung der Heilpraktikerhonorare nicht rechnen, weil die alleinigen Partner der Krankenkassen nur Ärzte (und seit 1.1.1999 auch approbierte Psychotherapeuten) sind. Krankengymnasten, Masseure, Logopäden, Ergotherapeuten arbeiten im "Delegationsverfahren", das heißt: Ihr Auftraggeber ist der Arzt. Heilpraktikerhonorare werden also grundsätzlich nicht von den gesetzlichen Krankenkassen erstattet. Die seltenen Ausnahmen nach Einzelfallprüfungen sind Siege, die mit Hilfe ärztlicher Gutachten und viel Geduld errungen wurden. Sie werden schnell zur Legende, man könne es doch schaffen. Hinzu kommt, daß es die "Gesetzlichen" noch viel genauer nehmen mit den Verfahren, deren "Wirksamkeit erwiesen" ist als die "Privaten". Gesetzlich Versicherte haben einen Anspruch auf medizinisch notwendige und zweckmäßige Behandlungen beim Arzt. Wenn sie eine alternative Therapie wählen, dann steht ihnen der "Arzt für Naturheilverfahren" zur Verfügung. Und der darf neben der Schulmedizin nur die klassischen Naturheilverfahren anbieten, wozu auch Chiropraktik gehört. Bietet der Arzt Verfahren an, deren Wirksamkeit nicht als erwiesen gilt, dann kann die Kostenübernahme über eine Einzelfallprüfung eventuell doch gelingen. Das gilt besonders für Fälle, die lange erfolglos schulmedizinisch behandelt wurden, für deren Krankheit es noch keine wirksame Therapie gibt oder die die Standardmedikation nicht vertragen. Drei Ausnahmen bestehen allerdings: es gibt Verfahren, deren Wirksamkeit zwar nicht erwiesen ist, bei denen man sich aber entschlossen hat, aus der "Erfahrung eine Wirksamkeit anzunehmen". Sie wurden unter dem Begriff "Besondere Therapieeinrichtungen" zusammengefaßt. Es handelt sich um die Anthroposophische Medizin, die Homöopathie und die Phytotherapie (Pflanzenheilkunde). Ähnlich wird inzwischen mit der Akupunktur und der Neuraltherapie verfahren. Aber auch hier gilt: bei den "Gesetzlichen" immer nur der Arzt!

Anders sieht es für Privatversicherte aus. Je nach Tarif zahlen diese Versicherungen auch für Therapien, die von den "Gesetzlichen" ausgeschlossen wurden. Aber die Privatkassen sind uneinheitlich, was ihre Erstattungsregelungen betrifft – hinzu kommen noch die unterschiedlichen Tarife. Wer eine private Krankenversicherung abschließt, sollte sich also auf jeden Fall vor Vertragsabschluß detailliert nach den Möglichkeiten einer Kostenübernahme bei Heilpraktikerbehandlungen erkundigen. Dabei muß man darauf achten, daß die Behandlungskosten nicht nur nach dem Gebührenverzeichnis für Heilpraktiker abgerechnet werden – denn das stammt bekanntlich aus grauer Vorzeit (1985). Hier findet man zum Beispiel, daß eine homöopathische Erstanamnese (Dauer von 1,5 - 3 Stunden zusammen mit dem zeitlich sehr aufwendigen Heraussuchen des homöopathischen Mittels) DM 30 – 80 kostet. Heute sind aber drei- bis sechsfache Sätze nicht nur üblich, sondern auch angemessen. Ähnliches gilt für andere Behandlungen, die zeitaufwendig sind. Gesetzlich Versicherte haben aber die Möglichkeit, für die Behandlung mit alternativen Methoden eine private Zusatzversicherung abzuschließen. Hier sollte man prüfen, welche private Zusatzversicherung auch Heilpraktikerkosten übernimmt.

Nützliche Adressen und Hinweise rund um das alternative Heilen

Apotheken

Selbstverständlich erhalten Sie in allen Apotheken Hamburgs die Arzneien, die Ihnen verordnet wurden. Daß Sie in diesem Buch trotzdem einige Apotheken finden, hängt mit der Spezialisierung auf teilweise schwer zu beschaffende Arzneien zusammen. Für Apotheken lohnt es sich nicht, z.B. größere Mengen chinesischer Heilkräuter vorrätig zu halten, wenn sie nicht als spezialisierte Apotheke häufig aufgesucht werden. Auf Homöopathie spezialisierte Apotheken stellen teilweise die Mittel selbst her, halten aber mindestens ein umfangreiches Angebot verschiedenster homöopathischer Potenzen ständig vorrätig. Vor allem geben die genannten Apotheken Einzeldosen an Sie ab, wenn Ihr Praktiker Ihnen z.B. nur 5 Globuli verordnet hat und Sie nicht ein ganzes Fläschchen benötigen. Der entscheidende Grund aber, Ihnen spezialisierte Apotheken zu nennen, ist der des Zeitverlustes, wenn das Mittel sofort genommen werden soll. Insofern stellen diese Apotheken auch alternative "Notfallapotheken" dar.

Chinesische Kräuter und Homöopathie

Leonardo-Apotheke – Apotheker Wolfgang Courth
Mittelweg 30, 20148 Hamburg, Telefon: 040-456509, Telefax: 040-451176

Aesculap-Apotheke – Apothekerin Montenbruck
Rothenbaumchaussee 71, 20148 Hamburg, Telefon: 040-443605

Chinesische Kräuter

Maria-Louisen-Apotheke – Apothekerin Bettin
Maria-Louisen-Straße 1, 22301 Hamburg, Telefon: 040-481094

Homöopathie

Echo-Apotheke
Möllner Landstraße 123, 22117 Hamburg, Telefon: 040-7122337

Feen-Apotheke – Apothekerin Heike Gossel, Eppendorfer Baum 33, 20249 Hamburg, Telefon: 040-4604606, Telefax: 040-473950

Dr. Grimms-Apotheke – Apotheker Dr. Grimm
Osterstraße 77, 20259 Hamburg, Telefon: 040-406478

Kliniken mit alternativmedizinischen Stationen

Krankenhaus Rissen
der DRK-Schwesternschaft und der Freimaurer
Suurheide 20, 22559 Hamburg
Telefon: 040-8191-1, Patientenanmeldung -488
Anthroposophische Abteilung, ltd. Arzt: Dr. Klasen

Auskunftsstelle zur anthroposophisch-medizinischen Therapie:
Dr. Barbara Treß und Sylvia Klasen, Telefon: -2309

Rheumatologische Studienambulanz:
Dr. Christian Kern, Telefon: -2389

Sekretariat der Med. Abteilung B –
Sektion Anthroposophisch Ergänzte Medizin: Telefon: -2300

Das Krankenhaus Rissen stellt mit seiner anthroposophischen Abteilung eine einmalige Einrichtung in Hamburg dar. Hier geht es um die zusätzliche Behandlung des individuellen seelisch-geistigen Anteils des Menschen. "So viel synthetische Medikamente und Maßnahmen wie nötig, so viel erweiterte anthroposophische Medizin wie möglich" ist das Konzept dieser Abteilung, in der auch die erweiterte Krankenpflege groß geschrieben wird. Medizinische Auflagen, Kompressen und Wickel mit Natursubstanzen gehören hier zum pflegerischen Alltag und sind keine Ausnahmen. Ergänzt wird diese Therapie je nach Krankheitsbild durch künstlerische Therapien, Heileurythmie, Rhythmische Massage und biographische Gespräche. Um einem Kranken die ihm gemäße Therapie gewissermaßen "auf den Leib zu schneidern", ist ein Aufenthalt von mindestens drei Wochen notwendig. Dadurch können Wartezeiten entstehen, denn diese Abteilung ist in Hamburg sehr begehrt. Zur Entlastung ist eine Tagesklinik in Planung. Dann können auch Patienten behandelt werden, die keine volle stationäre Therapie benötigen.

Die stationären Kosten, in denen auch alle therapeutischen Angebote enthalten sind, trägt die gesetzliche Krankenkasse voll. Die meisten anthroposophischen Ärzte, die niedergelassen sind, arbeiten als Kassenärzte, und ihre Verordnungen sind in jedem Fall auch Kassenleistungen. Nur die künstlerischen Therapien werden bisher nicht von den Kassen getragen, wenn sie im ambulanten Bereich stattfinden.

Adressen entsprechender Ärzte, Sanatorien und weiterer Krankenhäuser erhalten Sie bei folgenden Stellen:

Victor Thylmann Gesellschaft
Suurheid 20, 22559 Hamburg
Telefon: 040-813353, Mo-Fr von 14-17 Uhr (für Norddeutschland)

Verein für anthroposophisches Heilwesen e.V.
Johannes-Kepler-Straße 56, 75374 Bad Liebenzell
Telefon: 07052-2034,2035 (für Gesamt-Deutschland)

Klinikum Nord (Allgemeines Krankenhaus Ochsenzoll)
Langenhorner Chaussee 560, 22419 Hamburg
Telefon: 5271-2308
Abteilung für Naturheilverfahren und physikalische Therapie, Haus 14
Leitung: Dr. Dr. Helmut Brinkmann

Hier werden in 52 Betten auf 2 Stationen jährlich 700 Patienten behandelt. Auch diese Einrichtung des Klinikums Nord zeigt, wie begehrt auch und gerade bei ernsthaft erkrankten Patienten die zusätzliche Therapie mit anderen Arzneien und einem anderen Konzept ist. Alle Methoden der Klassischen Naturheilverfahren werden hier angewandt (siehe Naturheilverfahren): Phytotherapie, Ordnungstherapie, Gesprächstherapie, Ernährungstherapie und physikalische Maßnahmen sind genauso an der Tagesordnung wie Neuraltherapie, Blutegel, Schröpfen und Aderlaß. Für jeden Patienten wird ein individueller Therapieplan erstellt. Die Behandlungsmöglichkeiten in dieser Abteilung sind groß: Nahezu alle Krankheiten aus dem Bereich der Inneren Medizin von Arteriosklerose über Bluthochdruck und Diabetes bis zu den Erkrankungen des rheumatischen Formenkreises können behandelt werden. Auch Patienten mit chronischen Schmerzen und psychosomatischen Störungen werden hier aufgenommen. Nur für Krebspatienten hält die Station keine therapeutische Alternative bereit.

Psychosomatische Kliniken und Stationen

Krankenhaus Rissen
der DRK-Schwesternschaft und der Freimaurer
Suurheide 20, 22559 Hamburg
Telefon: 040-8191-1, Patientenanmeldung -488
Abteilung Psychosomatik und Schmerztherapie,
Leitung: Prof. Dr. Dr. St. Ahrens, Telefon: -488

Universitäts-Krankenhaus Eppendorf
Martinistraße 52, 20246 Hamburg, Telefon: 040-4717-1
Abteilung für Psychosomatik und Psychotherapie,
Leitung: Prof. Dr. med. Dr. rer. soc. St. Ahrens, Telefon: -3993

Psychatrisches Krankenhaus Rickling
des Landesvereins für innere Mission in Schleswig-Holstein
24635 Rickling, Telefon: 04328-18-0
Leitung: Hans-Joachim Schwarz, Telefon: -279

Psychosomatisches Krankenhaus Ginsterhof
Metzendorfer Weg 21, 21224 Rosengarten
Telefon: 04108-598-0, Patientenanmeldung: -107
Leitung: Dr. R. Papenhausen

Gesundheitslotsen Hamburg

Behörde für Arbeit, Gesundheit und Soziales
Lübeckertordamm 5, 20099 Hamburg
Telefon: 040-2801212

Hier bekommen Sie Informationen über die verschiedenen Einrichtungen, Leistungen und Hilfen im Hamburger Gesundheitswesen.

Die Gesundheitslotsen Hamburg versuchen, Ihnen für Ihre speziellen Anliegen jeweils die derzeit beste Lösung vorzuschlagen. Ob Sie Menschen in einer ähnlichen Lebenslage zwecks Austausch suchen oder ob sie wissen wollen, wo in Hamburg derzeit Bandscheibenoperationen mikrochirurgisch durchgeführt werden, in welchem Krankenhaus eine Überdruckkammer zur Verfügung steht, mit der Sie es wegen Ihrer Ohrgeräusche versuchen wollen, oder ob Sie als alleinerziehende Mutter eine psychosomatische Klinik suchen, in die Sie auch Ihr Kind mitnehmen können – anonym und vertraulich werden Sie beraten. Wenn Sie einmal auf den Anrufbeantworter stoßen, dann können Sie sich zurückrufen lassen.

Hier die Telefonsprechzeiten
(die bei Drucklegung des Buches gelten):
Mo, Mi, Fr : 10-12 Uhr, Mo – Mi : 14-16 Uhr

Frauen und Gesundheit

FrauenGesundheitsZentrum

Marktstraße 27, 20357 Hamburg,Telefon: 040-4395389

Die drei Heilpraktikerinnen Eva Knolle, Marita Zadra und Gabriele Stern beraten in dieser Hamburger Traditionseinrichtung Frauen in Gesundheitsfragen und geben Kurse zu frauenspezifischen Gesundheitsthemen. Beratung: DM 20 bis DM 60. Kurse: Preise werden vereinbart. Über die Bundesrepublik verteilt gibt es insgesamt 19 Frauengesundheitszentren. Die Themen, die behandelt werden, gehen auf die biologischen Lebensphasen der Frau ein, wie Pubertät, fruchtbare Zeit, Wechseljahre und Alter. Das Angebot umfaßt Beratungen, Kurse, Selbsthilfegruppen, körperorientierte Selbsterfahrungsgruppen und Informationen zur allgemeinen Gesundheitsförderung. Das folgende Angebot richtet sich an Frauen aller Altersgruppen und Lebensformen (z.B. Mädchen, Mütter, Lesben):

- Gynäkologische Erkrankungen wie Vaginal- und Blaseninfektionen, Myome und Zysten, Endometriose, Brusterkrankungen, Probleme vor und nach Operationen
- Krebsfrüherkennung und Krebs an den weiblichen Organen
- Zyklusbeobachtung und Selbstuntersuchung
- Menstruation
- Sexualität
- Schwangerschaftsverhütung
- Schwangerschaft und Mütterberatung
- Schwangerschaftsabbruch
- Wechseljahre
- Eßstörungen
- Sexuelle Gewalterfahrung
- Alternative Heilweisen
- Patientinnenrecht und Gesundheitspolitik
- Gen- und Reproduktionstechnik, Bevölkerungspolitik

Geburtshaus Hamburg e.V.

Am Felde 2, 22765 Hamburg, Telefon: 040-3901128, Fax: 040-39902355

Das Geburtshaus bietet Beratung, Vorsorge, Hilfeleistung während der Schwangerschaft, Geburtsvorbereitung, individuelle ambulante Geburtshilfe, Wochenbettbetreuung, Informationsveranstaltungen, Fortbildungen und Eltern-Kind-Gruppen

DOLLE DEERNS e.V.
Juliusstraße 16, 22769 Hamburg, Telefon: 040-4394150
Beratungsladen für Mädchen, Frauen und Lesben mit sexuellen Gewalterfahrungen

WAAGE e.V. , Eimsbüttler Straße 53, 22769 Hamburg
Telefon: 040-4914941, Telefax: 040-40172733
Beratungsstelle für Frauen mit Eßstörungen

Zentrale für Ernährungsberatung an der Fachhochschule Hamburg e.V.
- Verein zur Förderung des gesunden Eßverhaltens -
Lohbrügger Kirchstraße 65, 21033 Hamburg
Telefon: 040-72522160, Telefax: 040-72522704
Beratungsstelle zum Thema Essen

Psychologische Beratung für Frauen von Frauen e.V.
Klaus-Groth-Straße 25, 20535 Hamburg, Telefon: 040-2507130

Feministisches Frauentherapiezentrum Hamburg e.V.
Warnholtzstraße 2, 22767 Hamburg, Telefon: 040-383848
Psychologische Beratung, Einzel- und Gruppentherapie, Beratung und Supervision von Frauenprojekten, Fortbildung

Beratungsstelle für Frauen
Sozialtherapeutischer Dienst der Behörde für Arbeit, Gesundheit, Soziales
Osterstraße 116, 20259 Hamburg, Telefon: 040-4212-0
Beratung für Frauen ohne minderjährige Kinder

BIFF Altona e.V.
Rothestraße 68, 22765 Hamburg, Telefon: 040-396762
Psychosoziale Beratung und Information für Frauen

BIFF Eimsbüttel e.V.
Eimsbütteler Straße 53, 22769 Hamburg, Telefon: 040-436399
Beratung und Information für Frauen

BIFF-Winterhude e.V.
Mühlenkamp 63b, 22303 Hamburg, Telefon: 040-2807907
Beratung, Information und Therapieangebote für Frauen

Umweltgifte und Umweltmedizin

Die Umweltmedizin als eigene Disziplin gibt es erst seit einigen Jahren. Die Themen, die inzwischen viele Bürger beschäftigen, sind allerdings aus der Arbeitsmedizin schon länger bekannt. Umweltmediziner versuchen zunächst, im Gespräch mit Ihnen Anhaltspunkte für die Art Ihrer Belastung zu bekommen. Dann schließt sich ggf. eine Untersuchung auf bestimmte Gifte oder Infektionen, die ähnliche Beschwerden verursachen können, an. Wenn nötig, wird auch "vor Ort" eine Messung vorgenommen. Wird dann eine Giftbelastung festgestellt, besteht natürlich die erste "therapeutische" Maßnahme darin, die Quelle zu eliminieren, wenn das überhaupt möglich ist. Daran schließt sich eine Therapie an, die meistens nicht spezifisch ist, da die meisten Gifte nicht einfach "ausgeleitet" werden können. Für viele Gifte gilt, daß man sein Leben verändern muß, sich naturheilkundlichen Maßnahmen anvertrauen kann, wenn man Umstimmung und Reinigung beschleunigen möchte oder eine Begleitung braucht. Sie können sich aber auch zunächst einmal mit Ihren Fragen an eine der Einrichtungen der Stadt wenden. Sie treffen hier auf engagierte, sehr kompetente Mitarbeiter, die Zeit und Interesse für Sie aufbringen:

Umweltmedizinische Beratungsstelle

der Behörde für Gesundheit, Arbeit & Soziales (BAGS)
Tesdorpfstraße 8, 20148 Hamburg, Telefon: 040-42848-2303

Wenn Sie sich durch Umweltbelastungen in Ihrer Gesundheit beeinträchtigt fühlen oder Schadstoffe in Ihrer Umgebung vermuten, dann gibt es verschiedene Anlaufstellen in Hamburg, die Ihnen Beratung und Hilfe anbieten. Bei gesundheitlichen Beschwerden aufgrund von Umweltbelastungen steht Ihnen die umweltmedizinische Beratungsstelle der BAGS in der Tesdorpfstraße zur Verfügung. Bei Fragen, die sich auf Schadstoffbelastungen allgemein beziehen, können Sie sich an die Umweltberatungsstellen der Bezirksämter wenden. So gehen Sie vor:

- Sie rufen an und berichten über Ihre Probleme oder stellen die Fragen, die Sie beunruhigen. Manches kann am Telefon geklärt werden. In diesem Falle wird ein Telefontermin vereinbart.
- Eventuell ist ein Untersuchungstermin notwendig. In dem Falle werden Ihre Symptomatik und Ihre Krankengeschichte aufgenommen und ggf. wird Ihnen auch eine körperliche Untersuchung angeboten. Es kommt auf Ihre Beschwerden und den Befund an, wie nun weiter verfahren wird.

- Manchmal ist eine Begehung des Ortes oder der Umgebung sinnvoll, von dem die vermutete Schadstoffbelastung ausgeht, um dort Messungen vorzunehmen.
- Nachdem die ersten Ergebnisse zusammengetragen sind, wird das weitere Vorgehen besprochen und – wenn nötig – mit dem behandelnden oder spezialisierten Arzt Kontakt aufgenommen, um z.B. Blut- oder Urinuntersuchungen zu veranlassen.

Natürlich unterliegen all Ihre Daten der Schweigepflicht. Lediglich anonymisierte Daten werden dann weitergegeben, wenn sich Handlungsbedarf im Hinblick auf die Erforschung der Schadstoffwirkung oder das Ausschalten einer auch für weitere Kreise gefährlichen Schadstoffquelle ergibt. Am Ende gibt es im wesentlichen drei Möglichkeiten:

1. Wenn aufgrund der Untersuchungen und Gespräche eine Belastung durch Umweltschadstoffe wahrscheinlich ist, dann werden diese Daten mit Ihrem Einverständnis an entsprechende Stellen weitergeleitet, damit die Schadstoffquelle ggf. ausgeschaltet wird.
2. Wenn eigenes Verhalten Abhilfe schaffen kann, dann wird darüber aufgeklärt. Sie erfahren, was Sie tun können, um eine weitere Belastung zu vermeiden.
3. Wenn weitergehende ärztliche Untersuchungen und Maßnahmen notwendig sind, wird dies in Zusammenarbeit mit Ihrem behandelnden Arzt oder einem Umweltmediziner veranlaßt. Danach werden ggf. weitere Beratungstermine vereinbart.

Hier finden Sie Rat und Hilfe, wenn Sie Aufklärung über Umweltgifte und andere Umweltfragen brauchen, die nicht gesundheitlicher oder medizinischer Art sind:

Die Umweltberatungsstellen der Bezirksämter:

- Hamburg Mitte, Umweltberatungsstelle Telefon: 2468-4599 oder 4649
- Hamburg Altona, Umweltberatungsstelle Telefon: 3807-3018 oder 3016
- Hamburg-Eimsbüttel, Umweltberatungsstelle Telefon: 4212-361 oder 351
- Hamburg-Nord, Umweltberatungsstelle Telefon: 4667-2617 oder 2889
- Hamburg-Wandsbek, Umweltberatungsstelle Tel.: 6889-3157 oder 3165
- Hamburg-Bergedorf, Umweltberatungsstelle Telefon: 7247-406
- Hamburg-Harburg, Umweltberatungsstelle Telefon: 77170-2375

KISS Kontakt- und Informations-Stellen für Selbsthilfegruppen

- KISS-Altona, Gaußstraße 21, 22765 Hamburg
  Telefon: 040-395767
- KISS-Barmbek, Fuhlsbüttler Straße 401, 22309 Hamburg
  Telefon: 040-6311110
- KISS-Wandsbek, Berner Heerweg 183, 22159 Hamburg
  Telefon: 040-6453053

Die Kontakt- und Informationsstelle für Selbsthilfegruppen in Altona gibt es schon seit 1981. Ein medizinsoziologisches Forschungsprojekt des Universitätskrankenhauses Eppendorf hatte die Idee umgesetzt, die Selbsthilfe zu organisieren und seit 1984 wird KISS aus Hamburger Haushaltsmitteln finanziert. Wenige Jahre später eröffneten dann in Barmbek und Wandsbek weitere Kontaktstellen. Der Verein "Sozialwissenschaften und Gesundheit e.V." ist Träger dieser Einrichtung. Seitdem Selbsthilfegruppen organisiert sind, stellen sie eine gesellschaftspolitische Kraft dar, die durchaus in der Lage ist, etwas zu verändern oder anzuschieben. Wenn Mitglieder der Selbsthilfegruppen auf Veranstaltungen "auftauchen", dann bleibt manches Thema "auf" dem Tisch. Das Ziel von Selbsthilfegruppen ist allerdings nicht in erster Linie, Druck auszuüben, sondern die "Hilfe zur Selbsthilfe". Die Kontaktstellen empfinden sich als Förderer der Selbsthilfeaktivitäten, veröffentlichen für die Selbsthilfegruppen und setzen sich dafür ein, daß Selbsthilfegruppen in der Gesellschaft anerkannt und respektiert werden – auch wenn sie manchmal unbequem sind, weil sie auf Mißstände aufmerksam machen. KISS führt Karteien, hält Kontakt zu den Gruppen, vermittelt Interessierte. Selbsthilfegruppen sind nicht einfach Zusammenschlüsse Betroffener. Damit sie effektiv sind, an Informationen herankommen, nicht an Reibungsverlusten kaputtgehen, gibt es Strukturen, die ihnen einerseits zur Verfügung stehen (z.B. kostenlose Räume für die Treffen, ein Büro, alle Möglichkeiten zur Öffentlichkeitsarbeit, die auch die Koordination von Informationen und Veranstaltungen ermöglicht), mit deren Regeln sich die einzelnen Mitglieder andererseits aber auch einverstanden erklären müssen. Hier ein paar Punkte, die wesentlich für das Funktionieren einer Selbsthilfegruppe sind:

- Freiwilligkeit, Selbstbetroffenheit (es gibt auch spezielle Angehörigen-Selbsthilfegruppen)
- Selbstbestimmung (wer bringt wieviel ein?)
- Gleichberechtigung (gleiche Verantwortung, keine festen Posten, keine Abhängigkeiten, jeder ist gleich verantwortlich)

- Gruppengröße (6-12 Personen – sonst können Konflikte nicht angemessen bearbeitet werden)
- Regelmäßigkeit und Kontinuität (wöchentlich, weil sich sonst Offenheit und Vertrauen nicht entwickeln können)
- Verschwiegenheit (Schweigepflicht über das, was in der Gruppe besprochen wird)
- Kostenlosigkeit
- Rechtsform (z.B. e.V.)
- Unabhängigkeit (von Trägern und Behörden)
- Räume (möglichst neutral, damit in Privaträumen niemand in die Rolle des Gastgebers kommt)

Um den Wissensstand und die Kommunikationsfähigkeit zu fördern, bietet KISS Fortbildung und Supervision an. Einmal im Monat findet ein offener Abend statt für Menschen, die sich für Gruppen interessieren oder eine gründen möchten.

Eine Auswahl von Selbsthilfegruppen

Bei der Wahl war der Aspekt wichtig, welche Erkrankten am häufigsten mit Angeboten der alternativen Medizin in Berührung kommen. Weitere Selbsthilfegruppen finden Sie in der BAGS-Broschüre "Selbsthilfegruppen im Gesundheitswesen".

Asthma-Selbsthilfegruppe Hamburg-Nord
Tangstedter Landstraße 151, 22417 Hamburg, Telefon: 040-5202790

Morbus Crohn – Colitis ulcerosa-Selbsthilfegruppe
CED-Hilfe e.V.
Fuhlsbüttler Straße 401, 22309 Hamburg, Telefon: 040-6323740

Arbeitsgemeinschaft Erkrankungen mit Unterzuckerung
(Hypoglykämie), Bachstraße 61, 22083 Hamburg, Telefon: 040-225167

Hepatitis C: Telefon: 040-6471274 und 040-6564929

Migräne-Selbsthilfegruppe
Steinbeker Hauptstraße 57, 22117 Hamburg, Telefon: 040-7151000

HELP ME (CFS), Chronisches Erschöpfungs-Syndrom Hamburg
Grandkoppel 3, 21031 Hamburg, Telefon: 040-7399253

Selbst-Hilfegruppe Osteoporose
Radickestraße 19, 21079 Hamburg, Telefon: 040-7644109

Selbsthilfegruppe für Osteoporose
Telefon: 040-7600289

Frauenselbsthilfe nach Krebs e.V.
Loogeplatz 16, 20249 Hamburg, Telefon: 040-481512

ProDermA, Anti-Allergie-Netzwerk e.V.
Bundesstraße 71, 20144 Hamburg, Telefon: 040-457808

Deutscher Neurodermitiker Bund e.V.
Spaldingstraße 210, 20097 Hamburg
Telefon: 040-230810, Telefax: 040-231008

Deutscher Psoriasis Bund e.V.
Oberaltenallee 20a, 22081 Hamburg
Telefon: 040-223399 Telefax: 040-2270986

Alopecia areata: Telefon: 040-489167 und 04131-33151

Angstsprechstunde
KISS-Barmbek, Fuhlsbüttler Straße 401, Hamburg, Telefon: 040-6311110

Anonyme Eßsüchtige (OA) Telefon: 040-3907865

Dick & Dünn, KISS-Wandsbek,
Berner Heerweg 183, 22159 Hamburg, Telefon: 040-6453053

Frauen-Diätclub
Sonnenweg 21, 22045 Hamburg, Telefon: 040-661635

Dicke e.V., Martensweg 4, 22083 Hamburg
Telefon: 040-2295714, Telefax: 040-2295714

AZG – Hamburger Arbeits- und Selbsthilfegruppe Amalgam- und Zahnmetallgeschädigter
Alsterdorferdamm17, 22297 Hamburg, Telefon: 040-519511

Selbsthilfegruppe Pilzerkrankungen
Wichelmannweg 1, 22041 Hamburg, Telefon: 040-6562604 und 894732

Deutsche Schmerzhilfe e.V.
Woldsenweg 3, 20249 Hamburg, Telefon: 040-465646, Fax: 040-4601719

Psychosoziale Beratung

CHARON Beratungsstelle
Mozartstraße 5, 22083 Hamburg, Telefon: 040-225253 und 225254
Psychosoziale Beratung und Lebenshilfe
(siehe auch "Frauen und Gesundheit")

Patientenberatung der Verbraucher-Zentrale Hamburg e.V.
Kirchenallee 22, 20099 Hamburg, Telefon: 040-24832-230

Stiftung Warentest
Lützowplatz 11-13, 10785 Berlin
Telefon: 030-2623-0, Telefax: 030-2611074, Faxabruf: 01805-88768100

Hamburger Volkshochschule VHS
Schanzenstraße 75, 20357 Hamburg, Telefon: 040-3504-2752

Elternschulen
- Altona, Telefon: 040-382654
- Barmbek, Telefon: 040-69449174
- Bergedorf-West, Telefon: 040-7394187
- Billstedt, Telefon: 040-73113-293
- Eidelstedt, Telefon: 040-5709566
- Eimsbüttel, Telefon: 040-4212-775
- Farmsen-Berne, Telefon: 040-6476388
- Finkenwerder, Telefon: 040-7434757
- Grindel, Telefon: 040-4212311
- Harburg, Telefon: 040-7637931
- Hohenhorst, Telefon: 040-6720727
- Horner Geest, Telefon: 040-6531382
- Jenfeld, Telefon: 040-663458
- Kirchdorf-Süd, Telefon: 040-7542071
- Langenhorn, Telefon: 040-52712-596
- Lohbrügge, Telefon: 040-7398454

- Niendorf, Telefon: 040-5544-283
- Mümmelmannsberg, Telefon: 040-7152166
- Osdorf, Telefon: 040-8315017
- Steilshoop, Telefon: 040-6302424
- Süderelbe, Telefon: 040-7015125
- Rothenburgsort-Veddel, Telefon: 040-2577-2374
- Wilhelmsburg, Telefon: 040-7534614

Diagnose "Krebs" – ein Wegweiser für Patienten und Therapeuten

Obwohl es heute Krankheiten gibt, deren Prognose ungünstiger ist als die einer bösartigen Geschwulsterkrankung, geht von dieser Diagnose im ersten Moment etwas Hartes, Endgültiges, Lähmendes aus. Solange nur ein Verdacht bestand, schwankte die Stimmung zwischen Furcht und Hoffnung. Das war ein unangenehmer, aber doch lebendiger Zustand. In dem Moment der Diagnose scheint alles in Frage gestellt zu sein: jeder Zukunftsentwurf wird fragwürdig. Alle Fragen kreisen um das "warum" oder "warum gerade ich?" und darum, was nun zu tun ist, um zu gesunden. Und genau in diesem Augenblick kann man sich absolut darauf verlassen, daß viele Menschen, auch ungefragt, mit nicht immer guten und auch nicht immer gutgemeinten Ratschlägen zur Stelle sind. Tips, gerade kürzlich Gelesenes, Erfahrungen, Gerüchte, Warnungen und versteckte Drohungen werden zu einer Mischung aus Angst und Hoffnung. Da wird schnell die "harte, verstümmelnde, aggressive" Schulmedizin gegen die "aufbauende, sanfte, ganzheitliche" andere Medizin abgewogen. Da prägen sich Sätze ein, wie "die Schulmedizin behandelt die Krankheit" und "die Alternativmedizin behandelt den Kranken". Natürlich haben solche "Slogans" einen richtigen Aspekt. Das Hin- und Hergerissensein kostet Kraft. Zumindest sollte man sich Rat und Aufklärung holen bei "Dritten", die nicht in den eigenen engeren Kreis gehören. Am besten bei Menschen, die berufliche Erfahrungen mit diesem Thema haben. Möglichkeiten dazu finden Sie am Ende dieses Kapitels.

Tumore belasten den Organismus mit giftigen Stoffwechselprodukten, einmal abgesehen von ihrer Wachstumstendenz. Diese Stoffwechselprodukte lähmen all die Kräfte, die der Kranke braucht, um der Erkrankung Widerstand zu leisten. Deshalb raten heute auch anthroposophische Ärzte ihren Patienten zu einer Entfernung des Tumors, um den Körper zu entlasten. Aber auch bei der biologischen Therapie danach gilt: Viel hilft nicht viel. Teure biologische Therapien, aufwendige Spritz- und Aufbaukuren,

Wundermittel und vor allem private "Krebskliniken" sind nicht erfolgversprechender als eine mit biologischen Maßnahmen begleitete Lebensumstellung, gestützt durch Gespräche und ein soziales Netz. Wenn Sie sich informieren wollen, gibt es einige Anlaufstellen, bei denen Sie erst einmal telefonisch Rat und Aufklärung bekommen können. Die Einrichtungen hier in Hamburg vereinbaren natürlich auch Termine mit Ihnen.

Hamburger Krebsgesellschaft
Martinistraße 40, 20251 Hamburg
Telefon: 040-4604222, Telefax: 040-4604232, Krebsberatungsdienst

Gesellschaft für biologische Krebsabwehr e.V.
Werfelring 40, 22175 Hamburg, Telefon: 040-6404627
Information und Beratung über ergänzende Behandlungsmöglichkeiten

Deutscher Krebsinformationsdienst Heidelberg ("KID")
Telefon: 06221-410121

"KID" gibt für Patienten und Angehörige eine Zeitschrift heraus ("Einblick"), die regelmäßig über die neuesten Ergebnisse der Krebsforschung informiert. Telefonisch wird der Anrufer darüber unterrichtet, wann und wie man Selbstuntersuchungen durchführen kann und bei welchen Symptomen oder Veränderungen eine Früherkennungsuntersuchung bzw. welche anderen Untersuchungen notwendig werden. Wer möchte, kann anonym bleiben. Außerdem kann man sich zurückrufen lassen. Das Angebot ist kostenlos. KID ist montags bis freitags von 7-20 Uhr erreichbar!

Die Deutsche Krebsgesellschaft e.V.
Paul-Ehrlich Straße 41, 60596 Frankfurt am Main, Telefon: 069-630096-0
Auf Wunsch werden Informationsbroschüren zugeschickt

Die Deutsche Krebshilfe
Thomas-Mann-Straße 40, 53111 Bonn, Telefon: 0228-729900
Krebsbetroffene erhalten kostenlos Broschüren

Die Bundeszentrale für gesundheitliche Aufklärung
Ostmerheimerstraße 200, 51109 Köln, Telefon: 0221-8992-0

Es wird regelmäßig eine Literaturliste herausgegeben und kostenlos verschickt mit der neuesten Literatur zu Themen wie: Ernährung, Umwelteinflüsse, Berichte von Betroffenen, Bewältigung der Krankheit, Nachbehandlung

Literatur

Über die verschiedenen Therapieverfahren

Richter, Isolde, Therapieverfahren des Heilpraktikers, Aescura Verlag, München-Wien 1998
Jütte, Robert, Geschichte der Alternativen Medizin, C.H. Beck, München 1996
Consilium Cedip, Naturheilweisen, Band I, Ausgabe 1993/94, Cedip GmbH, München
Claus, Karl-Heinz, Contacta Med für Naturheilverfahren, 5. Auflage, Aescura, München-Wien 1997
Bauer, Susanne, Alternative Heilverfahren, Berlin kompakt, Jaron Verlag, Berlin 1998
Keller, Frank Beat, Krank warum? Cantz- Verlag, Ostfildern 1996
Stiftung Warentest, Handbuch "Die Andere Medizin", Stiftung Warentest, Berlin, 1996

Naturheilverfahren

Schimmel, Klaus-Christof, Lehrbuch der Naturheilverfahren, Band I und II, Hippokrates Verlag, Stuttgart 1986
Bühring, Malte. Naturheilkunde, C.H. Beck, München 1997

Phytotherapie

Fintelmann/ Menßen/ Siegers, Phytotherapie Manual, Hippokrates Verlag, Stuttgart 1989
R.F. Weiss/ V. Fintelmann, Lehrbuch der Phytotherapie, Hippokrates Verlag, Stuttgart 1997

Biochemie nach Schüssler

Deutsche Homöopathie Union, Wesen und Anwendung der Biochemie – Therapie mit Mineralstoffen nach Dr. Schüssler, Karlsruhe 1988
Dr. Schüssler Sanatorium, Die Biochemie Dr. Schüsslers – ein natürliches Heilverfahren. Biochemischer Bund Deutschlands e.V., Goslar

Bach-Blütentherapie

Bach, Eduard, Gesammelte Werke. Von der Homöopathie zur Bach-Blütentherapie, Aquamarin-Verlag, Grafing 1988
Bach, Eduard, Blumen, die durch die Seele heilen, Hugendubel-Verlag, München 1983
Scheffer, Mechthild, Bach-Blütentherapie. Theorie und Praxis, Hugendubel Verlag, München 1996

Othomolekulare Medizin

H.Dietl/ G. Ohlenschläger, Handbuch der Othomolekularen Medizin, 2. verbesserte Auflage, Haug Verlag Heidelberg 1994

Anthroposophische Medizin

Fintelmann, Volker, Intuitive Medizin, Hippokrates Verlag, Stuttgart 1989
Husemann, Wolff, Das Bild des Menschen Band I, II, III, Verlag Freies Geistesleben, Stuttgart 1991

Ohrakupunktur

Bucek, H., Lehrbuch der Ohrakupunktur, Haug Verlag, Heidelberg 1994

Das therapeutische Gespräch

Frankl, Viktor E., Ärztliche Seelsorge, 4. Auflage, Fischer Verlag, Frankfurt am Main 1991
Frankl, Viktor E., ... trotzdem Ja zum Leben sagen, 5. Auflage, dtv, München 1996

Manuelle Medizin

Schneider, W. / Dvorak, J./ Dvorak, V./ Tritschler T., Manuelle Medizin, Therapie, Thieme Verlag, Stuttgart 1989

Ab- und Ausleitende Verfahren

Abele, U./ Steifvater, E., Aschner Fiebel, Haug Verlag, Heidelberg 1992

Kinesiologie

La Tourelle,M./ Courtenay, A., Was ist Angewandte Kinesiologie? VAK Verlag, Freiburg 1996

Alternative Krebstherapien

Beyersdorff, Dietrich, Biologische Wege zur Krebsabwehr, 9. Auflage, Haug Verlag, Heidelberg

Traditionelle Chinesische Medizin

Ilona Daiker/ Barbara Kirschbaum, Die Heilkunst der Chinesen, Rowohlt Verlag, Hamburg 1997

Stichwortregister

Namensverzeichnis der vorgestellten Heilpraktiker